新时代党建小丛书

马列原理这样悟

庞慧敏 主编
梁红艳 副主编
杨 甜 编著

山西出版传媒集团 山西教育出版社

图书在版编目（CIP）数据

马列原理这样悟 / 庞慧敏主编. — 太原：山西教育出版社，2022. 7
（新时代党建小丛书）
ISBN 978-7-5703-2584-9

Ⅰ. ①马… Ⅱ. ①庞… Ⅲ. ①马克思列宁主义—学习参考资料 Ⅳ. ①A8

中国版本图书馆 CIP 数据核字（2022）第 091464 号

马列原理这样悟

MALIE YUANLI ZHEYANG WU

责任编辑 郭志强
特邀编辑 张　田
复　　审 刘晓露
终　　审 李梦燕
装帧设计 宋　蓓
印装监制 蔡　洁

出版发行 山西出版传媒集团·山西教育出版社
（太原市水西门街馒头巷 7 号　电话：0351-4729801　邮编：030002）
印　　装 山西新华印业有限公司
开　　本 850 mm×1168 mm　1/32
印　　张 8
字　　数 140 千字
版　　次 2022 年 7 月第 1 版　2022 年 7 月山西第 1 次印刷
书　　号 ISBN 978-7-5703-2584-9
定　　价 29. 00 元

目录

绪论

马克思主义是立党立国的根本指导思想，是中国共产党的灵魂和旗帜。中国共产党自诞生之日起就将马克思主义作为党的行动指南，毫不动摇地坚定对马克思主义的信仰，重视马克思主义理论学习。党在十七届四中全会中提出要建立马克思主义学习型政党。2013年3月1日，习近平总书记在中央党校建校80周年庆祝大会暨2013年春季学期开学典礼上的讲话提出："首先要认真学习马克思主义理论，这是我们做好一切工作的看家本领，也是领导干部必须普遍掌握的工作制胜的看家本领。"学习马克思主义要学习马克思主义的世界观与方法论。习近平总书记在纪念马克思诞辰200周年大会上的讲话中提道："我们要坚持和运用辩证唯物主义和历史唯物主义的世界观和方法论，坚持和运用马克思主义立场、观点、方法，坚持和运用马克思主义关于世界的物质性及其发展规律，关于人类社会发展的自然性、历史性及其相关规律，关于人的解放和自由全面发展的规律，关于认识的本质及其发展规律等原理，坚持和运用马克思主义的实践观、群众观、阶级观、发展观、矛盾观，真正把马克思主义这个看家本领学精悟透用好。”学习马克思主义需要同中国实践相结合，推动马克思主义中国化，习近平总书记在庆祝中国共产党成立100周年大会上的讲话提出：“以史为鉴、开创未来，必须继续推进马克思主义中国化。”马克思主义揭示了人类社会规律，指明了人类寻求自身解放的道路，推进了人类文明进程，是我们认识世界、改造世界的强大思想武器。我们要深入学习马克思主义，掌握其中的世界观和方法论，感受马克思主义包含的深厚情感与崇高的价值追求，提升个人能力和境界。

第一节　马列原理是什么

马克思主义可以从狭义和广义两个方面来理解。从狭义上说，马克思主义即马克思和恩格斯创立的基本理论、基本观点和学说的体系。从广义上说，马克思主义不仅指马克思和恩格斯创立的基本理论、基本观点和学说的体系，也包括继承者对它的发展，即在实践中不断发展着的马克思主义。如在当代中国，中国共产党以马克思列宁主义、毛泽东思想、邓小平理论、“三个代表”重要思想、科学发展观和习近平新时代中国特色社会主义思想作为自己的行动指南，就是从广义上理解的马克思主义，本书采用广义的角度对马克思主义进行阐释。

一、马克思主义基本原理

马克思主义是由马克思和恩格斯创立并由后继者不断发展的科学理论体系，由马克思主义哲学、马克思主义政治经济学和科学社会主义构成。

（一）马克思主义哲学

马克思主义哲学主要包括辩证唯物主义和历史唯物主义，解释了世界的属性、人与自然、社会的发展规律，阐释了人民群众的重要意义。学习马克思主义哲学，能够帮助我们树立科学的世界观，为我们认识世界提供方法论指导。

辩证唯物主义包含辩证唯物论、辩证唯物主义认识论、唯物辩证法。辩证唯物论解释了物质和意识的辩证关系；辩证唯物主义认识论解释了实践和认识的辩证关系；唯物辩证法包括联系观、发展观、矛盾观、创新观等。历史唯物主义揭示了人民群众是历史的创造者、两大基本规律的矛盾运动、社会存在和社会意识的辩证关系等。

（二）马克思主义政治经济学

马克思主义政治经济学是马克思、恩格斯根据辩证唯物主义和历史唯物主义的世界观与方法论对人类社会特别是资本主义社会经济运动规律的探索与总结，剩余价值理论、生产的社会化和生产资料资本主义私人占有的对抗性矛盾、资本主义制度必将走向灭亡等观点是其中的基本观点。习近平总书记在《不断开拓当代中国马克思主义政治经济学新境界》的讲话中提道：“马克思主义政治经济学，揭示了人类社会特别是资本主义社会经济运动规律……我们政治经济学的根本只能是马克思主义政治经济学，而不能是别的什么经济理论。”

(三)科学社会主义

科学社会主义是指由马克思、恩格斯创立的关于科学社会主义基本立场、基本观点和基本方法的论述。科学社会主义坚持以工人阶级为代表的最大多数人的立场，运用唯物和历史的辩证方法，建立起以辩证唯物论与历史唯物论的观点为基础的资本主义观、社会主义观和共产主义观等世界观体系。马克思依据生产关系的性质将社会划分为原始社会、奴隶社会、封建社会、资本主义社会和未来共产主义社会(社会主义社会是它的第一阶段)，认为社会主义社会必将推翻资本主义社会。习近平总书记在《关于坚持和发展中国特色社会主义的几个问题》中提道:“中国特色社会主义是社会主义而不是其他什么主义，科学社会主义基本原则不能丢，丢了就不是社会主义。我们党始终强调，中国特色社会主义，既坚持了科学社会主义基本原则，又根据时代条件赋予其鲜明的中国特色。”

二、列宁对马克思主义基本原理的继承发展

列宁主义是列宁运用马克思主义指导俄国革命的实践成果，是列宁针对帝国主义时代资产阶级与无产阶级、压迫民族与被压迫民族的矛盾确立的关于无产阶级和被压迫民族实现解放的学说。列宁主义深入研究了资本主义发展为帝国主义的规律，总结了20世纪初期社会与自然规律的最新成果，总结了无产阶级和资产阶级斗争的经验。列宁主义的基本内容包括：帝国主义理论、新型无产阶级政党的理论、无产阶级革命理论、无产阶级专政理论、战时共产主义政策，以及列宁晚年对社会主义的探索等。

三、马克思主义中国化的三次飞跃

2021年11月，党的十九届六中全会审议通过的《中共中央关于党的百年奋斗重大成就和历史经验的决议》特别强调指出：毛泽东思想的创立是马克思主义中国化的第一次历史性飞跃；中国特色社会主义理论体系的形成实现了马克思主义中国化的第二次飞跃；习近平新时代中国特色社会主义思想的创立实现了马克思主义中国化新的飞跃。至此，马克思主义中国化实现了三次飞跃。

（一）毛泽东思想

在革命和建设长期实践中，以毛泽东同志为代表的中国共产党人，根据马克思列宁主义基本原理，形成了适合中国国情的科学指导思想，这就是毛泽东思想。刘少奇在《关于修改党章的报告》中指出："毛泽东思想，就是马克思列宁主义的理论与中国革命的实践之统一的思想，就是中国的共产主义，中国的马克思主义。”报告概括了毛泽东思想的主要内容：关于现代世界情况及中国国情的分析，关于新民主主义的理论与政策，关于解放农民的理论与政策，关于革命统一战线的理论与政策，关于革命战争的理论与政策，关于革命根据地的理论与政策，关于建设新民主主义共和国的理论与政策，关于建设党的理论与政策，关于文化的理论与政策等。实事求是、群众路线、独立自主是毛泽东思想活的灵魂，我们要将其内化于心、外化于行。在毛泽东思想指导之下，中国共产党带领中国人民取得了新民主主义革命的胜利，带领中国人民站起来，在新民主主义革命、社会主义革命、社会主义建设时期发挥了重要作用，也为新的历史时期开创和建设中国特色社会主义发挥了重要作用。

（二）中国特色社会主义理论体系

在深入推进社会主义建设的征程上，我们党始终将马克思主义基本原理与中国具体实际进行有机结合，在继承并发展毛泽东思想的基础上，不断解放思想、实事求是、与时俱进、开拓创新，开辟了中国特色社会主义道路，形成了包括邓小平理论、“三个代表”重要思想、科学发展观等重要理论成果的中国特色社会主义理论体系，实现了马克思主义中国化的第二次飞跃。

十一届三中全会以后，以邓小平同志为核心的党的第二代中央领导集体回答了“中国向何处去”、中国怎么办的问题，明确了中国改革的目的。江泽民指出：邓小平理论围绕什么是社会主义、怎样建设社会主义这个根本问题，第一次比较系统地回答了中国社会主义建设的一系列基本问题。邓小平理论明确回答了中国改革开放和现代化建设继续向前发展的一系列重大理论问题，确立社会主义初级阶段基本路线，制定了到二十一世纪中叶分三步走战略，成功开创了中国特色社会主义。

十三届四中全会以后，以江泽民同志为主要代表的中国共产党人，在建设中国特色社会主义的实践中，加深了对什么是社会主义、怎样建设社会主义和建设什么样的党、怎样建设党的认识。2001年7月，江泽民代表党中央在庆祝中国共产党成立80周年大会上发表重要讲话，系统阐述了“三个代表”重要思想的核心内容：中国共产党必须始终代表中国先进生产力的发展要求，代表中国先进文化的前进方向，代表中国最广大人民的根本利益。2002年11月党的十六大把“三个代表”重要思想同马克思列宁主义、毛泽东思想、邓小平理论一道确立为党必须长期坚持的指导思想。

党的十六大以后，以胡锦涛同志为主要代表的中国共产党人，深刻认识和回答了新形势下实现什么样的发展、怎样发展等重大问题，形成了以人为本、全面协调可持续发展的科学发展观。2012年11月召开的党的十八大把科学发展观同马克思列宁主义、毛泽东思想、邓小平理论、“三个代表”重要思想一起确立为党必须长期坚持的指导思想。

改革开放以来，中国共产党带领人民不断探索发展中国特色社会主义理论体系，走中国特色社会主义道路，四十多年来，在实践证明之下，中国特色社会主义道路是适合中国发展的道路，未来我们应继续推动马克思列宁主义同中国实践相结合，不断深化和发展中国特色社会主义理论体系，推动中国不断发展，推动中华民族伟大复兴早日实现。

（三）习近平新时代中国特色社会主义思想

党的十九大把习近平新时代中国特色社会主义思

想确立为党必须长期坚持的指导思想并庄严地写入党章。习近平新时代中国特色社会主义思想科学回答了“新时代坚持和发展什么样的中国特色社会主义、怎样坚持和发展中国特色社会主义；建设什么样的社会主义现代化强国、怎样建设社会主义现代化强国；建设什么样的长期执政的马克思主义政党、怎样建设长期执政的马克思主义政党”，提出了一系列治国理政的新理念新思想新战略，深化了对中国特色社会主义建设规律、社会主义现代化发展规律和中国共产党长期执政的规律的认识。党的十九届六中全会审议通过的“第三个历史决议”明确指出：习近平新时代中国特色社会主义思想是当代中国马克思主义、二十一世纪马克思主义，是中华文化和中国精神的时代精华，实现了马克思主义中国化新的飞跃。

第二节　马列原理悟什么

学习马列原理，我们应该明确学什么。首先是学习马列原理的理论知识，在学习马列原理中把握马克思等人对规律、方法、道德的观点。其次是在理解理论的基础上进一步感受马列原理中蕴含的情感与价值追求，感悟人民情怀，提升个人境界，最终确立对马克思主义的信仰。本节从信仰、规律、情怀、方法、道德、规矩、境界七个方面论述马列原理悟什么。

一、悟信仰

马列原理蕴含着马克思主义信仰。马克思主义信仰是对马克思个人及马克思主义理论的认同与追求，中国共产党之所以富有强大的生命力，就在于有坚定的信仰。学习马列原理要笃信笃行学，掌握马克思主义立场观点，坚定对马克思主义的信仰。习近平总书记在2015年9月11日主持中共第十八届中央政治局第二十六次集体学习时的讲话中提道："我们共产党人的根本，就是对马克思主义的信仰，对共产主义和社会主义的信念，对党和人民的忠诚。立根固本，就是要坚定这份信仰、坚定这份信念、坚定这份忠诚，只有在立根固本上下足了功夫，才会有强大的免疫力和抵抗力。"坚定马克思主义信仰对于解决人生奋斗方向和奋斗价值具有重要意义。新时代，我们要坚定马克思主义信仰，明确自己的人生方向，在为共产主义远大理想奋斗中实现自己的人生价值。

二、悟规律

规律是事物内部必然的、本质的联系。认识规律、把握规律是做好各项工作的前提，也是提高工作能力的必然要求。马列原理中揭示了共产党的执政规律、社会主义建设规律、人类社会发展规律，马克思主义哲学方法论为认识规律提供了方法论指导。2016年5月17日习近平总书记在哲学社会科学工作座谈会上的讲话中指出，“马克思主义深刻揭示了自然界、人类社会、人类思维发展的普遍规律”，马克思主义是人们观察世界的“伟大的认识工具”。我们在学习马列原理中认识已有规律，掌握马克思主义方法论，在马克思主义指导下发挥人的主观能动性，认识世界、改造世界、造福人类社会，用马克思主义的真理光芒照耀我们规律探索的前行之路。

三、悟情怀

人民群众是社会物质财富和精神财富的创造者，是推动社会变革的决定力量。马克思深刻认识到人民在社会历史发展中的重要作用，他的一生都在为人类解放事业不断奋斗，其创立的马克思主义是为实现人类解放而建立的思想体系，为无产阶级和劳动人民实现自身解放提供了强大的思想武器。江山就是人民，人民就是江山。人民群众是中国革命和建设的力量源泉，建党以来，中国共产党始终坚持全心全意为人民服务的宗旨。新时代新征程，只有树立人民情怀，坚持人民至上，继续站在最广大人民之中，中国共产党才能立于不败之地。

四、悟方法

马列原理包含马克思主义哲学方法论，为国家建设与个人发展提供了科学的方法论指导。恩格斯深刻认识到马克思的整个世界观不是教义，而是方法，它提供的不是现成的教条，而是进一步研究的出发点和供这种研究使用的方法。辩证唯物主义和历史唯物主义是马克思主义的世界观和方法论，是马克思主义全部理论的基石，方法论的价值在于指导实践。学习马列原理要掌握马克思主义哲学方法论，在实践中学会运用马克思主义哲学方法论这个重要工具。中国共产党一直以来都在努力将马克思主义方法论同中国实践相结合，以便认识中国国情，解决中国问题，推动中国不断进步发展。

五、悟道德

马列原理中蕴含着丰富的道德观，马克思认为“道德的基础是人类精神的自律”，是一种具有相对独立性的人类精神和社会意识形态，道德应该与社会利益相结合。习近平总书记提出道德之于个人、之于社会都有基础性意义，做人做事第一位的是崇德修身。一个人只有明大德、守公德、严私德，他的能力才能发挥正确的用处。在学习马列原理中树立起道德观，提高人们的道德责任、道德水平与道德境界，是学习马列原理的重要内容。

六、悟规矩

马列原理中彰显了无产阶级政党严明的规矩，没有规矩不能称其为马克思主义政党。马列原理的论述为党的建设提供了明确的指南。我们党历经百年仍具有生机与活力，是因为有着严明的纪律与敢于刀刃向内的自我革命精神。100年来，我们党形成了党章这个总规矩，形成了党的纪律、国家法律，形成了许多优良传统和工作惯例，中国共产党的规矩是全党长期实践中的深刻总结与思考，全党要遵守党的章程、严明党的纪律、发扬党的优良传统，打造新时代作风优良的政党。

七、悟境界

学习马列原理可以提升个人境界，而人生境界是人的思想行为所体现的高度。马克思出生在一个富裕的律师家庭，他本可以享受优渥的家庭环境，但却愿意为了人类解放事业不断奔波。学习马列原理，要学习马克思、恩格斯、列宁、毛泽东等人的伟大境界，帮助个人树立远大目标，鼓舞其为共产主义事业不懈奋斗的勇气。习近平总书记在纪念五四运动100周年大会上的讲话中强调："青年的人生目标会有不同，职业选择也有差异，但只有把自己的小我融入祖国的大我、人民的大我之中，与时代同步伐、与人民共命运，才能更好实现人生价值、升华人生境界。离开了祖国需要、人民利益，任何孤芳自赏都会陷入越走越窄的狭小天地。"要在学习马列原理中跳出小我，融入祖国、人民的大我，体悟为共产主义不断奋斗的伟大境界。

第三节　学习马列原理的途径有什么

学习马列原理的具体途径是多元化的，通过阅读马列经典著作直接与作者产生思想交流是学习马列原理的基本途径，与中国实际相结合是学习马列原理的现实途径，依托党的基层组织参与党员教育工作是学习马列原理的有力保障，利用好新技术是丰富马列原理学习方式的良好手段。

一、阅读马列著作，学习马列原理

阅读马列经典著作是领悟马列原理的主要途径。习近平总书记在中央党校（国家行政学院）中青年干部培训班开班式上的讲话中提道：“学习理论最有效的办法是读原著、学原文、悟原理，强读强记，常学常新，往深里走、往实里走、往心里走，把自己摆进去、把职责摆进去、把工作摆进去，做到学、思、用贯通，知、信、行合一。”马列著作是学习马列原理最直接的材料，是学习马列原理最基本的方式。阅读马列著作要自觉主动读原著、原原本本读原著、全面系统读原著，在原著中领悟马克思列宁主义的思想；要带着问题读原著、带着发展眼光读原著、联系实际读原著，运用马列原理方法论指导读原著；要坚定信仰、站在人民立场读原著，笃信笃行学，真学真信，才能真懂真用。

二、结合中国实际，践行马列原理

学习马列原理要与中国实际相结合。1945年党的七大在确立毛泽东思想指导地位的同时，确立了马克思主义基本原理同中国具体实际相结合的原则。马克思主义为人类发展提供了宏观方向，但是时代在发展变化，马列原理也要在实践中不断发展与创新，一味照搬照抄是不可取的，要结合中国实际国情，不断推进马克思主义中国化、时代化。毛泽东思想、中国特色社会主义思想、习近平新时代中国特色社会主义思想都是中国共产党在实践中结合中国国情提出的理论成果。中国共产党之所以选择马克思列宁主义作为指导思想，是经过党的实践证明马克思列宁主义是适合中国国情的，是能够解决中国问题的。

三、参与党员教育，保障学习实效

在基层党组织党员教育中学习马列原理也是重要的途径之一。党的基层组织是党在社会基层组织中的战斗堡垒，是党的全部工作和战斗力的基础。《中国共产党章程》第五章第三十四条指出，党支部担负直接教育党员、管理党员、监督党员和组织群众、宣传群众、凝聚群众、服务群众的职责。发挥好支部在党员、群众中的教育规范功能，培养党员与群众的坚定信念是支部的责任。党员要积极参与党支部的活动，在党支部的组织下积极学习马列原理。

四、使用新技术，丰富学习形式

随着新技术的出现，学习马列原理的形式不断丰富，接触到解读马列原理的新媒体信息也越来越多元。我们可以利用便捷的信息技术手段，去获取全面的马列知识，利用灵活的互动方式积极参与交流讨论，吸收他人观点，提升马列原理的学习效果。新时代，理论学习有了更加便捷、富有体验感的平台与媒体，学会利用好这些平台能够增强学习效果与学习体验，促进马列原理的接收效果与实践效果。

第一章

悟信仰

概 述

习近平总书记指出："人民有信仰，民族有希望，国家有力量。"信仰是一个人确定人生价值、选择人生方向的重要依据，是一个人的灵魂与精神命脉，是一个国家的智慧和力量源泉。马克思主义信仰的诞生，是人们走向科学信仰的标志，它鼓舞了世界无产阶级团结起来为人类解放事业而奋斗，鼓舞俄国建立了第一个社会主义国家。然而，马克思主义信仰不是一劳永逸的，也要不断适应新时代中国发展的需求，在中国实践中不断丰富与发展，同中国特色社会主义建设和中国梦的实现相统一。学习马列原理，就是要在了解马克思主义的本质特征下树立对马克思主义的信仰，在中国共产党百年实践中坚定对中国特色社会主义的信念，在新时代奋斗中坚定对中华民族伟大复兴中国梦的信心。

习近平总书记在2018年12月18日庆祝改革开放40周年大会上的讲话中提道："信仰、信念、信心，任何时候都至关重要。小到一个人、一个集体，大到一个政党、一个民族、一个国家，只要有信仰、信念、信心，就会愈挫愈奋、愈战愈勇，否则就会不战自败、不打自垮。无论过去、现在还是将来，对马克思主义的信仰，对中国特色社会主义的信念，对实现中华民族伟大复兴中国梦的信心，都是指引和支撑中国人民站起来、富起来、强起来的强大精神力量。"

从马列原理中领悟马克思主义信仰。马克思和恩格斯创立了马克思主义信仰，马克思主义信仰作为一种政治信仰，以维护广大劳动人民的利益为根本指向，其主旨是实现共产主义的理想社会目标和人的自由全面发展。习近平总书记在十八届中央政治局第一次集体学习时的讲话中指出："对马克思主义的信仰，对社会主义和共产主义的信念，是共产党人的政治灵魂，是共产党人经受住任何考验的精神支柱。"马克思一生致力于为人类解放而奋斗，创造出了指导人的全面发展和人类解放的马克思主义理论，在学习马克思主义的过程中感受马克思的崇高理想，从情感上同马克思主义产生共鸣，自觉将马克思主义作为自己人生的指导思想，最终树立马克思主义信仰。

从百年党的实践中坚定中国特色社会主义的信念。信仰是一个以信念为统领或核心的包括许多信念在内的体系，坚定对中国特色社会主义的信念归属于马克思主义信仰体系。习近平总书记2021年6月25日在十九届中央政治局第三十一次集体学习时的讲话中提到，“共产主义是我们党的远大理想，为了实现这个远大理想，就必须坚定中国特色社会主义信念”。党和人民选择把马克思主义作为立党立国的根本指导思想和近代以来中国的具体国情密不可分，不能离开中国实际空谈马克思主义。在党的百年历史长河中，中国共产党人将马克思列宁主义同中国实际相结合，开辟出中国特色社会主义道路，历史与实践证明，中国特色社会主义道路是实现中华民族伟大复兴的唯一正确道路，我们要增强“四个自信”，坚定对新时代中国特色社会主义的信念，为新时代中国特色社会主义建设努力奋斗。

在新时代奋斗中坚定对中华民族伟大复兴中国梦的信心。中国梦是对马克思主义人学思想的继承和发展，拓展了马克思主义人学思想的宽广眼界和价值维度，体现了历史与现实、理论与实践的逻辑耦合。2012年11月29日，习近平总书记在参观《复兴之路》展览时发表讲话并提出，中国梦以人为立足点、出发点和必然归宿，归根到底是人民的梦想。马克思列宁主义的科学性，中国特色社会主义道路的正确性，为实现中华民族伟大复兴的中国梦提供了保障。习近平总书记指出："今天，我们比历史上任何时期都更接近中华民族伟大复兴的目标，比历史上任何时期都更有信心、有能力实现这个目标。我们完全可以说，中华民族伟大复兴的中国梦一定要实现，也一定能够实现。"

第一节　坚定马克思主义信仰

信仰是对某个理论或人产生信服、敬仰的情感，并自发将这个理论或者人的行为作为自己的行为准则和行为榜样。马克思主义信仰是对马克思及马克思主义理论的认同与追求。确立马克思主义信仰是一个知、情、意、行相统一的过程。所谓“知”，即认知，是对马克思主义是什么的认知，换句话来讲就是对马克思主义理论的掌握；所谓“情”，即情感，是对马克思主义产生的情感判断；所谓“意”，即意志，是选择马克思主义作为指导思想后，拥有坚定的意志去克服困难的心理过程；所谓“行”，即行为，是在马克思主义指导下最终表现的行动。因此，树立马克思主义信仰，要学习马克思主义理论，对马克思主义产生情感认同，坚定地选择马克思主义不动摇，用马克思主义指导自己产生社会行动。党支部是培育马克思主义信仰的重要阵地，支部培育党员树立马克思主义信仰时也需要遵从这个过程。本节将从“知情意行”的逻辑过程出发，选用具体人物与活动案例对如何确立马克思主义信仰进行方法阐释。

案例　厦门大学："老马带青马"培育一批青年马克思主义信仰者

（来源：人民网2020年7月17日）

厦门大学充分发挥关工委老同志的优势，开展“老马带青马”建设工程，举办学生马克思主义理论研修班（以下简称“马研班”），培养了一批知识素养、政治素养、理论素养全面发展的青年马克思主义信仰者。

1. 发挥政治优势，规范党员管理

夯实党建、规范管理。厦门大学“马研班”邀请关工委老同志担任党建组织员，充分发挥“老马”的政治优势，指导党支部建设。关工委老同志全程参与“马研班”党支部建设，列席党员大会、党支部委员会议、党小组会议，为支部党员上党课，参与支部组织生活会，引导支部成员深入开展批评与自我批评，鼓励学员认真排查个人问题，在批评与自我批评中敢于说真话。关工委老同志积极参与到支部活动中，将其丰富的经验、坚定的政治意识与支部建设相结合，确保“马研班”红色先锋党支部组织生活规范。

2. 发挥理论优势，坚定理想信念

学习理论，阅读经典。厦门大学邀请关工委老同志指导“马研班”学员学习马克思主义经典原著，学习党章党规，学习习近平总书记系列重要讲话精神，用科学理论武装头脑，提升学员理论素养。一方面，关工委联合老教授协会、马克思主义学院、学生工作部共同协作，为“马研班”制订系统的学习计划，让专业人士为“马研班”学员讲授经典理论著作，并结合经典著作指导学员广泛开展专题讨论。另一方面，“马研班”组建成“演武评论”网络文化工作室，依托微信公众号“厦大‘马研班’”的专栏鼓励学员定期在平台中发布读书心得、时政评论，将学员理论学习成果化。关工委老同志定期和读书会党员交流学习心得，引导“马研班”学员真正做到学懂理论，勇于在网络中弘扬中国声音，传播党的理论知识。

3. 发挥资源优势，促进知行合一

利用红色资源，开展党性教育。学校组织“马研班”学员前往红色圣地开展主题实践，关工委老同志全程指导并参与“马研班”组织的社会实践活动。自2010年组织开展“马研班”社会实践以来，关工委每年都选派经验丰富的老同志赴井冈山、遵义、延安开展主题社会实践活动。学校组织“马研班”学员利用周六周日休息时间，前往周边地区开展农村精准扶贫、重访革命圣地等专项考察，依托交叉学科的优势提供智力支持。每逢重要时间节点，“马研班”都会组织开展“学在人先，争当先锋”专题实践，如在烈士纪念日组织党员祭扫福建省第一个党支部书记罗扬才烈士墓等。

利用学科资源，开展理论研究。“马研班”按照

“高年级带低年级、文史类搭配理工科、学科交叉覆盖”的原则组队，根据参考选题范围，结合专业知识和理论研修，分别就马克思主义理论、思想政治教育、志愿服务工作、网络文化建设等方面的问题进行课题设计，开展课题调研，邀请关工委老同志担任支部课题调研指导老师，全程参与课题选题、申报、研究、写作、答辩工作，全方位指导“马研班”学员找准立项切入点，提升实践调研成效。

案例启示

1. 遵循“知情意行”的发展过程，培养马克思主义信仰

夯实理论基础，打牢信仰之基。扎实的理论基础是树立马克思主义信仰的有力支撑，学习马克思主义理论知识，是确立马克思主义信仰的第一步。我们党无数先辈信仰马克思主义不是凭空产生的，是经过系统的学习，在深刻了解马克思主义内涵的基础上确立的马克思主义信仰。只有认真学习马克思主义理论，才能将马克思主义转化为自己的政治信仰和精神追求。

丰富实践经验，践行理论之真，丰富的实践经验是树立马克思主义信仰的第二步。将马克思主义同个人实践经验相结合，在实践中检验马克思主义的科学性和真理性是信服马克思主义的必要手段。毛泽东、周恩来同志通过不断深入实际，积极参与社会活动，丰富了自己的生活经验。当他们在丰富的实践活动中深切感受到马列主义切合中国的实际需求，对中国革命具有指导作用时，便坚定地选择了马克思主义，牢牢树立马克思主义信仰。

培养坚定意志，坚持信仰之路。坚定的意志是马克思主义信仰得以树立的现实保障，学习马克思主义理论，积累丰富的实践经验都需要坚定的意志做支撑。理论学习和积累实践经验需要将马列原理学习学在日常、学在经常，不能只有三分钟热度，确立马克思主义信仰之后也需要坚强的意志，不能遇到诱惑和困难就放弃自己的信仰。毛泽东在困境中仍然坚持阅读马列原著，矢志不渝坚定自己的马克思主义信仰。周恩来学习马克思理论时，战胜各种困难也要学懂弄通马克思主义。想要真正树立马克思主义信仰，需要坚定的意志支撑。

在学习马列原理时，我们既不能脱离理论谈实践，也不能空谈理论缺乏实践，更不能在学习中半途而废、立场不定，只有这样，才能发现马克思主义的魅力，才能真正从情感上与马克思主义勾连，才能真正信仰马克思主义。

2. 发挥支部战斗堡垒作用，规范党员强信念

一个党员就是一面旗帜，一个支部就是一座堡垒。党支部是党的基础组织，担负着直接教育党员、管理党员、监督党员和组织群众、宣传群众、凝聚群众、服务群众的职责。发挥好支部在党员、群众中的教育规范功能，培养党员与群众坚定理想信念是支部的责任。学习马列理论，树立马克思主义信仰，可以依托党支部进行。厦门大学由关工委老同志担任特邀党建组织员，全程参与“马研班”红色先锋党支部建设，指导党支部开展党员教育管理工作。“老马”成员带着丰富的政治素养与理论素养参与到支部活动中，规范支部活动流程，加强支部建设，在支部建设中保持党的先进性，为党员信仰培育提供了良好的环境支持。

发挥支部的人才优势。“老马”带动“新马”，深化理论出真知。俗话说“家有一老，如有一宝”，老同志也是党和国家的宝贵财富。信仰坚定的老同志为

新同志树立马克思主义信仰提供范本和经验指导。2020年11月18日，习近平总书记在纪念中国关心下一代工作委员会成立30周年会议上指出，各级党委和政府要加强对关心下一代工作的领导，支持更多老同志参加关心下一代工作，使广大“五老”在关心下一代的广阔舞台上老有所为、发光发热，为培养社会主义建设者和接班人做出新的更大贡献。厦门大学充分发挥关工委老同志信念坚定、知识渊博、经验丰富的优势，为青年同志树立马克思主义信仰提供实践指导与方法分享，引导学员正确掌握马克思主义的立场、观点和方法。在老同志的带领下，厦门大学培育了一批坚定的马克思主义信仰者。

第二节　坚定对中国特色社会主义的信念

坚定马克思主义信仰和中国特色社会主义的信念对建设中国特色社会主义道路具有重要意义。改革开放以来，中国共产党结合中国具体国情，探索出中国特色社会主义道路。坚定对中国特色社会主义的信念，就是要坚信只有社会主义才能救中国，只有中国特色社会主义才能实现中国发展。本节将从党史学习出发来阐述如何坚定中国特色社会主义信念。

案例　浙江省东阳市：“电影+舞台”，让党史学习“活”起来

（来源：共产党员网2021年4月10日）

浙江省东阳市结合“信仰、信念、信心”教育，深入挖掘影视资源，甄选红色电影经典片段，创新编排党史情景剧《观影百年》，采用“电影+舞台”的方式“鲜活”呈现党史故事，让党员干部从中重温红色历史，接受党性教育，弘扬红色文化，坚定理想信念。

遵循历史发展的顺序，还原重大历史事件。《观影百年》按照中国共产党历史的发展顺序，从365部经典红色电影和小视频当中甄选《真理的味道非常甜：陈望道的故事》《半条被子》《烈火中永生》《英雄儿女》等40余部，甄选其中重要片段，重新组织编排，通过电影经典片段+现场情景演绎的方式，演绎了中国共产党在新民主主义革命、社会主义革命和建设、改革开放和社会主义现代化建设、中国特色社会主义新时代四个历史阶段中的重大历史事件，将党的历史“搬”上舞台，重现中国共产党走过的百年风雨历程。

依据观众群体多角度编排，扩大受众群体。东阳市针对不同群体、不同年龄、不同地域的受众需求，模块化编排“党的建设”“思政教育”“文化惠民”“巡回演出”“红色旅游”等5个以上“私人订制”演出版本，个性化植入重温入党誓词、本地革命先驱的事迹简介、党员领导干部上党课、现场互动等环节，迎合不同受众“红色传播”需求，积极动员观众沉浸观影活动中，希望每位观众都能有所感、有所思、有所悟，实现“老一辈有共鸣，新一代有感悟”的传播效果。

依托多种渠道扩大宣传，让党的事迹“传得开”。东阳市坚持“观众请进来，剧目走出去”的原则，将剧目纳入建党百年系列庆祝活动、党校培训、每月主题党日等活动，同时依托远程教育平台，开展红色剧目视频产品进学校、进机关、进企业、进村社系列活动，做到为每个党员干部提供观影机会。组建3支以上演出团队，将剧目推进到文化礼堂、学校思政课堂等思想阵地，扩大受众覆盖面。自活动推出以来，已实现演出100场以上，观看人数达2万人以上。

案例启示

1. 从历史学习中领悟社会主义的优势

历史是最好的教科书，学习历史可以知成败、鉴得失、知兴替。从历史中正确总结经验对国家和个人的未来选择具有启示作用。

从党史的发展脉络中把握只有社会主义才能救中国。1840年鸦片战争爆发，中国沦为半殖民地半封建社会，洋务运动、戊戌变法、辛亥革命的失败证明了资本主义道路在中国是行不通的，直到中国共产党的诞生，带领人民完成新民主主义革命，走上社会主义道路，中国人民从此站起来了。

从改革开放史中把握只有中国特色社会主义才能发展中国。以邓小平同志为核心的党中央领导集体提出改革开放，走中国特色社会主义道路。在这之后，我国经济不断发展，综合国力不断增强，人民生活水平不断提高。

从社会主义发展史中把握社会主义必将代替资本主义。马克思、恩格斯深入考察资本主义社会状况，揭示了社会主义代替资本主义的客观规律。东欧剧变、苏联解体虽然给社会主义带来了许多质疑，但是中国共产党带领人民成功坚持和发展了中国特色社会主义，迎来了从站起来、富起来到强起来的伟大飞跃，用实际行动让社会主义重新焕发生机。

这些历史事实证明中国特色社会主义是适合中国发展的，在未来我们要坚定对中国特色社会主义的信念，沿着中国特色社会主义道路稳步前行。

2. 丰富学习形式，增进历史学习实效

想要传播好历史知识必须基于人民立场，遵循大众文化特点，运用人民群众喜闻乐见的互动方式激发人民群众学习兴趣，增进学习实效。

“电影+舞台”的表现形式是群众所喜闻乐见的。浙江省东阳市编排的党史情景剧《观影百年》，通过丰富的内容、新颖的形式、个性化的展现方式受到了人民群众的喜爱。情景剧将党史知识从文字转换成为视听结合的表现形式，在大众之间建立了较高的可接受度，通过生动的故事唤醒人民群众内心深处的共鸣，感受中国共产党的力量和新时代中国取得的伟大成就，坚定大众对中国特色社会主义的信念。

交互讨论课题，丰富研究视角。理论学习不能独自埋头苦干，交互研讨为理论学习提供多元视角。新时代、新技术为交流讨论提供了便捷的平台，新兴媒体具有传播速度快、融合程度高的优势，将研究主题通过新兴媒体迅速宣发，能够实现传播者与传播对象的快速对接和双向沟通，提升了交流效果。利用好新技术，吸纳更多受众，扩大交流范围有助于丰富研究视角，完善研究观点，提升研究实效。

中国特色社会主义是科学社会主义在当今中国的最新延续和发展。新时代坚持和发展中国特色社会主义必须走进历史深处，从社会主义500年中汲取前行力量。通过回看来时的路，在社会主义三大历史性飞跃中坚定理想信念；比较别人的路，从社会主义遭受的挫折中汲取深刻教训；反观自己的路，在中国特色社会主义的历史性成就中坚定对中国特色社会主义的信念。

第三节　坚定对中华民族伟大复兴中国梦的信心

实现中华民族伟大复兴的中国梦凝聚了中国人民几代人的愿景，表达了中国人民的希望与心声，是当代中国人共同追寻的奋斗目标。马克思主义信仰在中国当前阶段的具体表现是坚定实现中华民族伟大复兴中国梦的信心。中国梦归根到底是人民的梦，坚定人民群众对中国的信心要从人民的幸福生活来证明。2015年，我国打响了脱贫攻坚战，脱贫攻坚战的胜利解决了困扰中国许久的贫困问题，创造了又一个中国奇迹。脱贫攻坚战的胜利是中国共产党坚持以人民为中心，致力提升人民幸福感的重要成就之一。本节将通过脱贫攻坚的胜利这一案例，阐释如何坚定中华民族伟大复兴中国梦的信心。

案例　脱贫攻坚的胜利增进人民幸福感

（来源：中国社会科学网2021年2月26日；《党建》2019年第7期；《新闻传播》2021年第3期）

2015年11月29日，国务院发布的《中共中央、国务院关于打赢脱贫攻坚战的决定》中提到“到2020

年……确保我国现行标准下农村贫困人口实现脱贫，贫困县全部摘帽，解决区域性整体贫困”，中国开始了轰轰烈烈的脱贫攻坚战。2021年2月25日，习近平总书记在全国脱贫攻坚总结表彰大会上庄严宣告：“经过全党全国各族人民共同努力，我国脱贫攻坚战取得了全面胜利。现行标准下9 899万农村贫困人口全部脱贫，832个贫困县全部摘帽，12.8万个贫困村全部出列，区域性整体贫困得到解决，完成了消除绝对贫困的艰巨任务，创造了又一个彪炳史册的人间奇迹！”

脱贫攻坚战取得全面胜利，是一场伟大的社会变革，在社会变革中彰显民族团结，全面实现小康，一个民族都不能少，我国28个人口较少民族已全部整族脱贫，实现千年跨越。脱贫攻坚的胜利，是中国共产党坚持以人民为中心在新时代建设中的重要成就，是中华民族伟大复兴的重要一步，从脱贫攻坚的胜利中人民更加坚定了实现中国梦的信心。

学习先进榜样人物，汲取奋斗力量。在脱贫攻坚中，无数先进人物涌现，300多万名驰援的第一书记、帮扶干部深入一线、苦干实干，将自己的生命在脱贫攻坚中燃烧，1 800多名同志将生命定格在脱贫攻坚征程上，诠释了马克思主义的人民情怀，诠释了共产党人的初心使命。先进人物事迹激励了人民树立马克思主义信仰，坚定中华民族伟大复兴的信心，激励了广大人民群众为中华民族伟大复兴奉献自己的力量。

以榜样为引领，坚持共产党员的初心使命。1923年出生的夏森同志，14岁就参与到中国革命中来，1938年志愿加入中国共产党。解放战争时期，她便在东北解放区从事革命工作。新中国成立后，她从事文化教育工作，为新中国的文化教育工作贡献了自己的力量。夏森同志离休后并没有享受晚年生活，而是响应党的号召，积极投身到脱贫攻坚事业中。生活中夏森和爱人汝信同志都十分朴素，但在捐资助学中却很大方。2006年4月至今，两人先后捐款共200余万元，累计资助了182名家庭贫困大学生、60名建档立卡贫困户家庭高三学生完成学业。两位老人的一生都在为中国建设贡献自己的力量，坚持为人民服务，用实际行动诠释了共产党员的初心和使命。

以榜样为标杆，将青春之花绽放在扶贫事业中。黄文秀同志从北京师范大学硕士毕业后坚持回到家乡工作，并报名到条件艰苦的边远贫困山区担任驻村第一书记。在脱贫攻坚一线倾情投入、默默奉献，她将扶贫之路称为自己心中的长征路，在扶贫工作中一直坚定不移地走着这条路，直至生命的最后一刻。2019年6月16日，黄文秀同志利用周末回田阳县看望病重手术不久的父亲后，因暴雨心系所驻村群众的生命财产安全，连夜开车返回工作岗位，途中遭遇山洪暴发不幸遇难，年仅30岁。在扶贫工作中，黄文秀心怀群众，将工作开展立足于人民，手绘“民情地图”，利用所学知识为群众排忧解难，带领当地村民增收脱贫。黄文秀用行动诠释了共产党员的初心与使命，展现新时代青年的优秀品质，是在脱贫攻坚一线扎实苦干、无私奉献的基层党员干部的缩影。

以榜样为鞭策，将爱洒在贫困山区的教育事业中。张桂梅同志有着多重身份，她既是丽江华坪女子高级中学的书记、校长，也是华坪县儿童福利院130多个孤儿的“妈妈”。张桂梅同志把全部身心投入到边疆民族地区教育事业和儿童福利事业，创办了全国第一所全免费女子高中，为许多濒临失学的山区女童提供了免费的学习环境。她常年坚持家访，行程11万多公里，覆盖学生1 300多名，为学校留住了学生，为学生留住了用知识改变命运的机会。她吃穿用非常简朴，生病也不舍得花钱，却把工资、奖金捐出来用在教学和学生身上。张桂梅在工作之余投身到儿童福利事业中，照顾华坪儿童之家130多个孤儿。她以坚忍执着的奋斗和无私奉献的大爱，诠释了共产党员的初心与使命。

从脱贫攻坚精神中汲取信念。在全国脱贫攻坚总结表彰大会上，习近平总书记诠释脱贫攻坚精神的内涵是“上下同心、尽锐出战、精准务实、开拓创新、攻坚克难、不负人民”。脱贫攻坚中的先进模范与精神不能忘，要学习与弘扬脱贫攻坚精神，激励人民群众坚定信心强信念。习近平总书记在全国脱贫攻坚总结表彰大会上强调“各级党委和政府要关心关爱每一位牺牲者亲属，大力宣传脱贫攻坚英模的感人事迹和崇高精神，激励广大干部群众为全面建设社会主义现代化国家、实现第二个百年奋斗目标而披坚执锐、勇立新功”。脱贫攻坚虽然取得胜利，但是脱贫攻坚成果仍需巩固，在全面建设社会主义现代化国家新征程中，我们仍然需要赓续和弘扬脱贫攻坚精神，为乡村振兴与共同富裕提供经久不衰的精神动力。

案例启示

1. 人民幸福是坚定中国梦信心的扎实保障

中国梦归根到底是人民的梦，必须紧紧依靠人民来实现。在实现中华民族伟大复兴的道路上，中国共产党始终坚持为人民谋幸福，坚持人民至上。脱贫攻坚的胜利是实现中华民族伟大复兴的关键一步，标志着我国消除贫困，人民生活水平得到提升。脱贫攻坚的胜利、全面建成小康社会的胜利，这一步一步的胜利彰显了中华民族伟大复兴拥有着光明的前景。

2. 从榜样中汲取中国梦的信心

在脱贫攻坚战中，数百万扶贫干部倾力奉献，涌现了许多英雄人物，书写了许许多多的感人事迹，榜样们用行动诠释了共产党人的初心与使命。这些先进人物推动了脱贫攻坚的胜利，为中华民族伟大复兴提供了精神动力，有这样一批百折不挠、甘于奉献的先进人物，中华民族伟大复兴指日可待。

榜样把人生的意义、信仰信念变成了具体鲜活的形象，让个人信仰和精神可以依托个人实践得以具体展现。学习榜样精神，坚定理想信念。榜样的精神鼓舞着人民群众发挥主动性与创造性，激励广大群众参与到为中华民族伟大复兴不懈奋斗中。不仅在脱贫攻坚战中，在社会主义建设的过程中，都有一批人因为卓越的贡献与杰出的品质被大家认可与学习，一个国家不能没有榜样，新时代中国推进社会主义现代化建设更加需要榜样。学习榜样的崇高精神与动人品质，从榜样身上汲取前进的力量，是增进信仰信念的方式之一。

中国共产党从脱贫攻坚战中形成了“上下同心、尽锐出战、精准务实、开拓创新、攻坚克难、不负人民”的脱贫攻坚精神，脱贫攻坚取得了胜利，但新时代奋斗征程仍在继续，弘扬脱贫攻坚精神，为乡村振兴与社会主义现代化建设继续提供力量，为实现中华民族伟大复兴提供强大的精神动力。伟大精神引领伟大事业，中国共产党在不同历史时期形成了具有时代特色的伟大精神，这些精神是中国共产党百年历史中宝贵的财富，支撑一代又一代共产党人在中国特色社会主义事业建设征程中百折不挠，激励中国人民为国家富强、民族振兴不懈努力。

小 结

本章从理论学习、支部建设、党史学习、经典研读、人民至上、榜样的力量六个角度阐释了如何在了解马克思主义的本质特征下树立对马克思主义的信仰，在中国共产党百年实践中坚定对中国特色社会主义的信念，在新时代奋斗中坚定对中华民族伟大复兴中国梦的信心。

第一节选择厦门大学“马研班”案例，从理论学习、实践活动、意志品质、支部建设阐释了如何树立马克思主义信仰。第二节选择浙江省东阳市《观影百年》的情景剧案例，从开展历史学习和丰富学习形式两个方面阐释了如何坚定中国特色社会主义信念。第三节选择我国取得脱贫攻坚战的胜利案例，从人民幸福和榜样精神阐释了如何坚定中华民族伟大复兴中国梦的信心。

培育信仰、信念、信心，必须夯实理论学习。学懂、学通理论是深化情感、坚定信仰的基础。离开理论学习讨论树立信仰是不可取的，只有了解马克思主义是什么，学懂弄通理论，才能从心底对马克思主义产生认同，才能真正树立马克思主义信仰。培育信仰、信念、信心，需要结合中国实际。联系中国实际体悟马克思主义在实践中的重要指导作用，体悟中国沿着社会主义道路取得的伟大成就，体会马克思主义行、中国特色社会主义好，坚定马克思主义信仰、坚定中国特色社会主义信念。培育信仰、信念、信心，要坚持人民为中心。在实现中华民族伟大复兴的道路上，人民幸福是坚定中国梦实现信心的保障。培育信仰、信念、信心，要丰富培育形式。多样的学习形式有利于增进人民群众的学习兴趣，通俗的表达方式易于人民群众对马克思主义的理解，在马克思主义培育的过程中依托多样的活动形式和通俗的表现方式，能够增强培育效果，推进马克思主义大众化。

第二章

悟规律

概　述

马克思指出："一个社会即使探索到了本身运动的自然规律……它还是既不能跳过也不能用法令取消自然的发展阶段。但是它能缩短和减轻分娩的痛苦。"规律是客观事物之间本质的、必然的联系，是不为人的意志而改变的，但是人可以发挥主观能动性认识和把握事物内部的规律，利用规律服务人类生活。中国共产党历来重视对规律的探索和发展，2002年党的十六大报告首次正式提出要不断深化对共产党执政规律、社会主义建设规律、人类社会发展规律的认识。恩格斯说："正像达尔文发现有机界的发展规律一样，马克思发现了人类历史的发展规律。"在马列原理中，蕴含着马克思、列宁等人对规律的认识以及认识规律的方法论。本章将从对共产党执政规律、社会主义建设规律、人类社会发展规律这三个规律的认识阐释如何从马列原理中“悟规律”。

“共产党执政规律，是指把社会主义国家共产党的执政活动当作客体来研究，揭示共产党在实现对国家和社会生活的领导和管理过程中诸要素以及诸环节之间客观的内在的必然联系。”了解共产党的执政规律，就要了解共产党从哪里来，到哪里去。认识共产党执政规律，把握中国共产党为什么能成功，未来怎样才能继续成功，有助于维护党的领导，提高我党抵御风险的能力，保持党的先进性。

深化对社会主义建设规律的认识，核心是弄清楚什么是社会主义、怎样建设社会主义这个根本问题。在马克思提出科学社会主义之前，空想社会主义学家们提出了很多对理想社会的设想，但由于没有深入挖掘、揭示社会发展规律，并没有对社会产生实质的改变。认识社会主义建设规律，必须要了解当今时代发展趋势，结合社会主义的具体实践去认识。认识到社会主义建设规律后，要遵循规律提出具体的社会政策，解决我国社会建设中出现的各种问题，推动中国特色社会主义社会稳步发展，努力开创中国特色社会主义新局面。

马克思揭示了人类社会发展的规律，他指出社会基本矛盾运动是推动社会发展的动力。“生产力与生产关系矛盾运动的规律，是人类社会发展的基本规律。”“经济基础与上层建筑矛盾运动的规律，是人类社会发展的另一个基本规律。”认识到社会矛盾运动这个规律对于我国社会发展的启示是，要及时把握当前阶段社会的主要矛盾，依据社会的主要矛盾积极进行社会改革，推动生产关系同生产力相适应，上层建筑同经济基础相适应，促进经济发展，推动社会的进步。

第一节　认识共产党执政规律

共产党的执政规律揭示了共产党在实践活动中诸要素以及诸环节之间客观的内在的必然联系。深化对共产党执政规律的认识，核心是认识共产党的执政基础、自身建设等问题。从马克思主义理论和中国共产党百年实践中，中国共产党深刻认识到，坚持党的领导是中国特色社会主义制度的最大优势，坚持以人民为中心是中国共产党的执政根基，坚持党的自身建设、从严治党是中国共产党不断走向胜利的关键。本节案例将从坚持党的领导核心地位、坚持以人民为中心等方面，阐释如何遵循共产党的执政规律。

案例 中国共产党的领导是抗击疫情的坚实保障

（来源：中华人民共和国中央人民政府官网2020年6月7日）

2020年新冠肺炎疫情席卷中国，面对新冠病毒这个未知的敌人，中国集中力量打响疫情防控阻击战，在党的领导和中国人民共同努力之下，国内疫情被迅速控制，凸显了中国共产党的领导力，向世界证明了中国共产党领导的优势。

1. 坚持党对一切工作的全面领导

新冠疫情发生后，抗击疫情时间紧任务重，中国共产党反应迅速，在以习近平同志为核心的党中央领导下，建立中央统一指挥、统一协调、统一调度，各地方各方面各负其责、协调配合，集中统一、上下协同、运行高效的指挥体系，为打赢疫情防控的人民战争、总体战、阻击战提供了有力保证。中国共产党在疫情中发挥了总揽全局、协调各方的作用，在全国范围内阻击疫情传播，创造了令世界惊讶的抗疫奇迹。

在中国共产党的统一领导、调度下，我国发挥集中力量办大事的优势，为疫情防控提供医疗人员、医疗场所、医疗物资的保障。自2020年1月24日除夕至2020年3月8日短短一个多月的时间，全国共调集346支国家医疗队、4.26万名医务人员、900多名公共卫生人员驰援湖北。仅用10天建成有1 000张病床的火神山医院，仅用12天建成有1 600张病床的雷神山医院。短短10多天建成16座方舱医院，共有1.4万余张床位。积极保障医疗用品的生产，2月初，医用非N95口罩、医用N95口罩日产量分别达到586万只、13万只，到4月底分别超过2亿只、500万只。疫情发生以来，全国上下紧急行动，在中国共产党统一领导下，开展全方位抗疫战争，全力抗击新冠疫情，在最短时间内集中最大力量阻断疫情传播。“中方行动速度之快、规模之大，世所罕见，展现出中国速度、中国规模、中国效率”，展现中国共产党领导的优势。

2. 坚持人民至上

疫情中，中国共产党坚持人民“生命至上”。英国《柳叶刀》社论认为，“中国（抗击疫情）的成功也伴随着巨大的社会和经济代价，中国必须做出艰难的决定，从而在国民健康与经济保护之间获得最佳平衡”。为了阻断疫情传播，疫情防控需要暂停许多生产活动，暂停经济生产必将导致中国经济受到重创。一边是人民生命安全，另一边是关乎国家大计的经济生产，在人民生命和经济利益之间中国共产党果断抉择生命至上。为了保护人民生命安全，尽快遏制疫情传播，中国共产党决定暂停许多生产活动，控制人流、物流交通。疫情暴发后，以宁可一段时间内经济下滑甚至短期“停摆”，也要以对人民生命安全和身体健康负责的巨大勇气，对湖北省和武汉市果断采取史无前例的全面严格管控措施。

党员冲锋在前，保障人民群众安全。疫情暴发之初，面对危险的新冠疫情，中国共产党党员发挥先锋模范作用，主动请缨，奋战在抗击疫情一线，用行动践行了“随时准备为党和人民牺牲一切”的初心和誓言。《抗击新冠肺炎疫情的中国行动》白皮书中提到，中国共产党460多万个基层组织，广泛动员、组织、凝聚、服务群众，筑起抗击疫情的坚强堡垒。共产党员冲在抗疫最前面，全国3 900多万名党员、干部战斗在抗疫一线，1 300多万名党员参加抗击疫情志愿服务，近400名党员、干部为保卫人民生命安全献出了宝贵生命。广大党员自觉捐款，为疫情防控斗争真情奉献。共产党员用实际行动发挥了先锋模范作用，践行共产党员全心全意为人民服务的宗旨，在疫情防控中保障了人民生命安全。

3. 中国共产党的世界担当

疫情发生以来，中国共产党坚持人类命运共同发展的价值观念，积极同国际社会开展交流合作。一方面，中国向世界分享中国的抗疫信息和经验。疫情发生后，中国政府及时向世界通报疫情的最新情况和中国在实践中总结的抗疫经验，国家卫生健康委员会汇编我国诊疗和防控方案并翻译成3个语种，分享给世界使用，并与世界卫生组织联合举办“新冠肺炎防治中国经验国际通报会”，及时的信息和经验为世界各国抗击疫情提供了准备。另一方面，中国力所能及为国际组织和其他国家提供援助。新冠疫情期间，中国在自身遭受创伤的基础上仍然对其他医疗系统薄弱的国家提供物资、人力支持。中国在全球抗击疫情期间没有选择明哲保身，而是积极展现大国担当与气度，为世界贡献中国力量和中国智慧。

巴基斯坦正义运动党中央新闻书记贾瓦德接受新华社采访时说道，中国在控制住国内疫情的同时，还对其他国家分享疫情信息和抗疫经验，并向许多国家提供了急需的医疗物资帮助和人力支持。中国已经向世界证明，即使面对新冠肺炎疫情这样的全球性威胁，中国也有能力给出应对之道。

案例启示

1. 认识共产党的执政规律，理论为先，立足实践，以史为鉴

从理论知识中学习共产党执政规律。习近平总书记强调：“要认识和运用规律，首先要掌握科学理论，掌握马克思主义立场、观点、方法。”马克思主义深刻揭示了无产阶级政党的执政规律，为党的建设提供了理论指导。百年来共产党人的实践丰富了对共产党执政规律的认识，这些认识和经验都蕴含在理论中。

在实践中发展规律。社会是动态的，是不断发展的，任何规律都有其适用范围，在不同的时间阶段、不同的地点总结出来的规律不能适用于全部情况。认识规律要结合规律的实际情况来看，仅靠从理论中学习规律是不完善的，要在实践中继续深化对规律的认识。

从历史中总结规律。历史规律不是无迹可寻的，重大历史事件是历史规律发生作用的突出体现，因此，可以通过总结重大历史事件背后蕴藏的历史经验来认识历史规律。

中国共产党从理论学习、党史总结、中国实践中认识到坚持党的领导核心地位、坚持以人民为中心，坚持从严治党等执政规律。坚持党的领导核心地位，马克思主义经典作家和中国共产党人都对坚持无产阶级政党对社会主义事业的领导有着深刻的认识和丰富的论述，马克思在《共产党宣言》中提到“在实践方面，共产党人是各国工人政党中最坚决的、始终起推动作用的部分”。中国共产党带领中国人民站起来、富起来、强起来的成绩也证明了坚持中国共产党的领导是中国得以发展的最大优势，在中国特色社会主义建设中必须坚持党的领导核心地位，坚持党对一切工作的全面领导。

马克思主义深刻认识到人民的重要作用，提出人民是社会历史的主体，是推动社会变革的决定力量。中国共产党从建党之日起就认识到广大人民群众是党的力量的重要源泉，坚持团结和调动广大人民群众的力量。回顾党史，共产党取得中国革命的胜利是民心所向，淮海战役的胜利被称为“人民群众用小车推出来的”是对共产党与人民之间良好关系的证明之一。共产党只有坚持以人民为中心，坚持全心全意为人民服务的宗旨，才能夯实共产党的执政基础。

坚持从严治党。党的十八大以来，我们党在实践中深刻分析当前面临的重大风险和党内存在的突出问题，认识到要确保共产党始终走在时代前列，始终成为坚强的领导核心，赢得广大人民群众的支持，增强自己抵御风险的能力就必须加强自身建设，坚持从严治党。

2. 遵循共产党的执政规律，党的领导是核心，群众路线是基础，从严治党是保障

坚持党对一切工作的全面领导，始终维护党的领导核心地位。中国特色社会主义最本质的特征是中国共产党领导，中国特色社会主义制度的最大优势是中国共产党领导。要坚持党对一切工作，包括党和国家事业的各个领域、各个方面、各个环节的全面领导。疫情防控中，党贯彻对一切工作的全面领导，才能迅速调度各方工作，短时间在全国范围内控制住疫情，保障人民生命安全。从世界疫情防控来看，中国在疫情中的良好表现凸显了坚持中国共产党领导的优势。

坚持以人民为中心。人民是中国共产党的执政基础。列宁指出，对于执政的共产党而言，“最严重最可怕的危险之一，就是脱离群众”。树立群众观点、坚持群众路线、夯实人民根基是共产党执政规律的重要内容。在疫情防控中，中国共产党将人民生命安全放在第一位，调动全国一切可以调动的力量遏制疫情发展，党员干部坚持以人民为中心，主动冲锋到抗疫一线服务人民。在中国共产党的领导下，对疫情的迅速遏制保障了人民生命安全。

坚持从严治党。党的自身建设是保持党先进性和纯洁性的手段，坚持从严治党是党走向胜利的关键，也是共产党区别于其他政党的最显著标志。

第二节　认识社会主义建设规律

马克思主义哲学方法论作为人们观察世界、分析问题的思想武器，为我们认识社会主义建设规律提供了方法论。新时代，如何推动中国特色社会主义持续发展、平衡人与自然的关系是新时代中国面临的新问题。本节将通过山西省遵循生态文明建设规律实现环境改善这一案例，对如何把握和遵循社会主义建设规律进行阐释。

案例 遵循人与自然和谐共处规律 生态文明建设绘就美丽山西

（来源：《山西日报》2020年5月12日）

生态文明建设是我党遵循经济社会发展规律和自然规律，主动破解经济发展与资源环境矛盾，推进人与自然和谐共处，实现中华民族永续发展的重大成果。新的历史阶段，中国面临如何处理人与自然的关系，如何解决人民对美好环境的需要问题。习近平总书记结合中国当前的发展状况提出推进生态文明建设。党的十八大以来，以习近平同志为核心的党中央协调推进“五位一体”总体布局和“四个全面”战略布局，牢固树立和贯彻落实创新、协调、绿色、开放、共享的发展理念，把生态文明建设摆上更加重要的战略位置。

山西省认真贯彻生态文明建设的要求，把生态文明建设摆在山西省全局工作的突出位置，推进以汾河为重点的"汾河、桑干河、滹沱河、漳河、沁河、涑水河、大清河"流域修复和治理，以"两山"理论为指导，坚持"山水林田湖草"系统治理理念，通过工程修复、自然恢复和生态改善，努力实现对山西环境的提升。在山西省努力之下，生态环境持续改善，人民的生活质量也在不断提升。

1. 倾力治水，重现汾河美好风光

因环境污染、水土流失等原因，汾河水域面积逐渐缩小、水域环境遭到破坏，渐渐失去了往日的秀丽。为重现汾河美丽风光，推进山西环境恢复，山西省全面推进以汾河为重点的"七河"流域生态保护与修复工程。实施"五策丰水"，统筹抓好铁腕治水、生态调水、改革活水、高效节水、强力保水。实施"五水同治"，统筹推进饮用水源、黑臭水体、工业废水、城镇污水、农村排水的治理，实现全流域、全方位、全系统综合施治。通过绿化，划出水岸线、生态保障线、产业开发限制线"三条线"，加强河道水系系统整治改造，实现河道景观化、河流生态化。

汾河环境的改善，带动了汾河两岸的旅游文化事业发展，促进两岸经济发展。宁武依托当地资源优势开发了汾河源头、芦芽山风景区等旅游景点，带动了当地的经济发展，提升当地居民的收入。在汾河下游临汾，沿汾河两岸整合6个县的资源，建立“百里汾河生态经济带”，促进当地经济增长。

2. 修复两山，让绿水青山化作金山银山

党的十八大以来，山西省启动实施太行山、吕梁山的生态修复工程，围绕生态修复机制创新试验区、山水林田湖草系统治理试验区、“一圈一带”生态修复先导区、生态保护修复助推脱贫攻坚先导区“四大定位”，通过置换造林、购买式造林、开发式造林等机制，推进国土绿化，对山西水土流失加强治理。2016年至2019年三年中，全省累计营造林1 898万余亩，森林覆盖率达到22.79%。右玉是践行“两山”理论的先进案例。新中国成立初期，右玉林木绿化率不到0.3%，呈现“风起黄沙飞、雨落洪成灾”的景象。70多年来，一代又一代右玉人持续不断植树造林，右玉林木绿化率从当年不足0.3%提高到现在的57%，在创造“荒漠变绿洲”的生态奇迹的同时，右玉人以勤奋刻苦、吃苦耐劳的品格创造了“迎难而上、艰苦奋斗，久久为功、利在长远”的“右玉精神”。

山西省加快水土流失治理步伐，在重点区域实施了水保生态建设行动，山西省努力平衡植树造林和农民增收的关系，运用购买式造林等方式推动植树造林工作顺利开展。临汾市大宁县因为“三川十塬沟四千，周围大山包一圈”的地形地势既是生态环境的脆弱区，也是经济发展的贫困区。2016年以来，县里实施购买式造林。政府制定规划设计，贫困户占到80%以上的合作社之间通过议标的形式来确定工程谁来做，农民投资投劳造林，政府当年验收合格后支付林权所有人30%的工程款，第三年验收后支付余款。在购买式造林的政策激励下平衡好植树造林和农民增收的关系。农民在绿水青山中富了起来。

“绿水青山”带来“金山银山”。山西省大力发展新型生态产业，鼓励发展林业循环经济模式，让每一片林地资源都成为群众蓄积财富的“绿色银行”。在壶关县石坡乡的南平头坞村依托太行山大峡谷旅游专线穿村而过的区位优势，邀请漫画家和3D画家创作墙画，将全村墙体进行艺术彩绘，打造出闻名全国的七彩村庄。在农业种植上，南平头坞村推广连翘、油葵、高粱种植，一年四季，金黄的连翘、油葵和红彤彤的高粱与五彩斑斓的七彩村庄相互映衬，既能增收又能美化环境。在这些举措下，南平头坞村打造了闻名的旅游区，村民依靠当地旅游资源开办“农家乐”，生产具有地方特色的旅游生态产品等实现了经济增收。

3. 改善生态环境，满足民众对美好环境的需要

良好生态环境是普惠的民生福祉。山西省着力加强绿色治理，全力打赢蓝天、碧水、净土三大保卫战，积极推广清洁能源、洁净燃料、高效清洁环保炉具，保护良好生态环境。2000—2017年山西的植被生态质量改善在全国最快，生态环境呈明显转好趋势。第二届全国青年运动会在山西省举办期间，“二青蓝”刷爆朋友圈，山西的蓝天碧水绿地，打破了人民对山西环境的刻板印象，山西在生态文明建设中取得了良好的成绩。

案例启示

1. 运用马克思主义哲学方法论，深化对中国特色社会主义建设规律的认识

马克思主义深刻揭示了自然界、人类社会、人类思维发展的普遍规律，而且提供了认识这一规律的方

法论即辩证唯物主义和历史唯物主义。辩证唯物主义方法论主要包括实事求是方法、唯物辩证方法、实践检验方法等，历史唯物主义方法论主要包括社会意识反作用方法、社会基本矛盾分析方法、群众路线方法等。马克思主义不是教义，而是方法，它提供的不是现成的教条，而是进一步研究的出发点和供这种研究使用的方法。在把握规律中，我们要善于运用马克思主义哲学的方法论指导认识和实践。

中国共产党一直坚持用马克思主义哲学方法论认识规律，在遵循规律的基础上提出了许多新时代社会主义建设的举措，其中新发展理念和生态文明建设是习近平新时代中国特色社会主义思想中的重要内容。运用马克思主义哲学方法论可以解释为什么要提出将创新摆在国家发展全局的核心位置和坚持生态文明建设。

马克思唯物辩证法提出事物是不断变化和发展的，要用发展的观点看待事物。发展观不仅揭示了人类社会是不断向前发展的，而且说明了正是人类的创新思维推动了社会的发展，通过发展观我们认识到创新在发展中的重要作用，因此我党把创新放到了国家发展全局的核心位置，放在了新发展理念的首位。辩证法中的联系观要求我们通过把握整体和部分、当前和长远、重点和非重点的关系，推动社会协调发展。社会主义发展过程中，经济因素是决定因素，但不是唯一因素，从整体出发对社会主义进行建设，两手抓两手都要硬，在坚持经济发展的同时，把政治建设、文化建设、社会建设、生态文明建设协同起来，推动“五位一体”全面发展。

2. 落实新发展理念，推动生态文明建设，走好中国特色社会主义发展道路

在总结社会主义建设规律过程中，要坚持与实践相结合。当前建设中国特色社会主义面临的一个重大任务就是协调人与自然之间的物质代谢关系，建设人与自然和谐共生的现代化，为此，习近平总书记提出大力推进生态文明建设的重要论断。习近平总书记明确指出：“人类发展活动必须尊重自然、顺应自然、保护自然，否则就会遭到大自然的报复。这个规律谁也无法抗拒。”山西省积极贯彻生态文明建设，推动“七河”流域生态保护与修复工作，以“两山”理论为指导，坚持“山水林田湖草”系统治理理念，在生态治理中推动了山西经济发展。山西是中国坚持生态文明建设的一个缩影，中国生态环境在生态文明治理

下产生了很大的改变，生态文明建设是中国结合中国实践提出的重要认识，是遵循人与自然和谐共生规律的重要实践，推动了中华民族永续发展。

第三节　认识人类社会发展规律

深化对人类社会发展规律的认识，要把握对社会矛盾的认识。社会基本矛盾是贯穿社会发展过程始终的矛盾，社会主要矛盾是社会基本矛盾的外在表现形式，它随生产力发展的变化而变化。对社会主要矛盾随生产力发展而变化的正确认识与适时把握，是推动制度变革的关键。本节主要从我国社会矛盾变革这一案例来阐释如何认识人类社会发展的规律。

案例　从矛盾的普遍性和特殊性中把握我国社会主要矛盾的变化

（来源：《社会科学》2018年第4期）

矛盾方法是马克思研究人类社会发展的重要方

法。在《德意志意识形态》中，马克思站在现实历史的基础上总结出生产力与生产关系的矛盾运动规律，最后在《〈政治经济学批判〉序言》中做了正式陈述，即生产力和生产关系、经济基础和上层建筑之间的矛盾是贯穿人类社会一切形态的基本矛盾，这种矛盾运动构成人类社会发展的根本动力。生产力与生产关系矛盾作为宏观意义上人类社会一般的、基本的矛盾，具有普遍性，但在每一个具体的社会形态中会有其特殊的表现形式和运行方式。

把握矛盾的普遍性与特殊性，正确认识我国社会主要矛盾。随着我国生产力的不断发展，我国社会的主要矛盾也在不断变化，中国共产党深刻把握矛盾的普遍性与特殊性规律，及时依据实际情况调整我国对社会主要矛盾的认识。

1956年，中共八大指出，“我们国内的主要矛盾，已经是人民对于建立先进的工业国的要求同落后的农业国的现实之间的矛盾，已经是人民对于经济文化迅速发展的需要同当前经济文化不能满足人民需要的状况之间的矛盾。”中共八大关于主要矛盾的正确认识很快重新被“以阶级斗争为纲”的主要矛盾论所代替，最终导致“文化大革命”的严重失误；党的十一届六中全会提出，在社会主义改造基本完成以后，我国所要解决的社会主义初级阶段主要矛盾是人民日益增长的物质文化需要同落后的社会生产之间的矛盾；党的十九大强调，中国特色社会主义进入新时代，我国社会主要矛盾已经转化为人民日益增长的美好生活需要和不平衡不充分的发展之间的矛盾。

中国共产党结合中国发展状况对社会主义初级阶段主要矛盾做出符合实际、意义深远的正确判断。我国对社会主要矛盾的变化进行及时认识与把握，明确社会主要矛盾的方向与重点，在解决社会矛盾中推动上层建筑同经济基础相适应，生产关系同生产力相适应，推动中国经济水平不断发展，人民生活更加幸福。

案例启示

1. 取其精华，去其糟粕，批判继承西方理论成果

当今世界格局中，社会主义与资本主义两种制度并存，我们也面临着如何对待资本主义体系下的理论

成果这个问题。对于资本主义体系下的理论成果不能全盘接受，也不能全盘否定，不能因为制度不同而将资本主义体系下的理论成果全部拒之门外，而是依据成果的科学性选择吸收与借鉴。要大胆吸收人类所创造的一切优秀文明成果，推动人类社会的发展。但我们也要意识到由于制度体系、基本国情的不同，在吸收西方理论成果时也要结合实际进行批判，要结合实际选择适合国情发展的规律、适合时代要求的规律。

从人类解放的角度扬弃资本主义理论成果。马克思将人类解放作为自己的毕生追求，在这个目标指引下，他将李嘉图的劳动价值规律深化为剩余价值规律，揭示了资产阶级对无产阶级的剥削；在这个目标指引下，马克思能够认识到人民在社会历史中的主体作用，提出发挥人民的力量推翻资产阶级的统治。我们对资本主义理论成果吸收时，要坚持以人民为中心，对资本主义理论成果进行合理扬弃。

2. 坚持普遍性和特殊性相统一是把握社会主要矛盾的线索

在认识社会的主要矛盾时，我们既要坚持“生产力决定生产关系，经济基础决定上层建筑”的普遍性，又要具体问题具体分析，结合社会发展的阶段特征认识社会主要矛盾。做到具体问题具体分析，用全面的、历史的、发展的眼光看问题，探求隐藏在表象背后的真相，揭示事物的本质，对社会矛盾做出正确的判断和处理。我国几次对社会主要矛盾的认识变化中，坚持社会生产的发展与人民需要之间的矛盾不变，变得是随着生产力不断发展，人民的需要更加广泛、多样，紧扣社会主要矛盾变化调整工作重点。我国社会主要矛盾的变化是历史性的、关系党和国家工作全局的重大变化，对此一定要有正确的认识，把握生产力与生产关系的基本矛盾运动，结合具体国情分析当前社会发展阶段的社会主要矛盾，以社会主要矛盾为依据进行社会改革，推动社会发展。

小　结

本章从共产党执政规律、社会主义发展规律、人类社会发展规律三个方面出发，通过具体的案例分析认识规律和运用规律。习近平总书记早在福建宁德担任地委书记时就深刻指出："领导要有水平，水平从哪里来？水平来自对客观规律的认识和掌握。"认识规律有助于提升个人能力，提高共产党执政水平，推进中国社会稳步发展。

第一节选择疫情下中国共产党的实践这一案例，从坚持党的领导、坚持人民至上、坚持从严治党阐释了如何运用共产党的执政规律。第二节选择山西省贯彻生态文明建设这一案例，阐释了要在马克思主义科学方法论的指导下认识规律，遵循社会主义建设规律。第三节选择我国对社会主要矛盾的认识变迁这一案例，阐释了批判继承理论成果和具体问题具体分析两种认识规律的方法。

认识规律要坚持理论为先、立足实践、以史为鉴，马克思列宁主义深刻揭示了人类社会发展、社会主义建设、无产阶级执政的普遍规律，而且提供了认识这一规律的方法论，从理论中学习已有规律是认识规律的基本方式。无论科学如何进步，马克思主义作为一种认识世界和改造世界的方法依然有效，利用马克思主义哲学方法论指导认识规律，是认识规律的重要方法论指导。习近平总书记强调："事实是真理的依据"，人们对于客观事物及其规律的正确认识即为真理，而实践是检验真理的唯一标准，从实践中发现与证实规律，是我们把握规律的重要手段。从历史中悟，马克思主义要求重视在总结历史经验中发现历史规律，历史是总结规律的良好材料，从历史中树立大历史观，拓宽历史视野，把握历史发展的大趋势，从历史中总结经验、发现规律是认识规律的重要方式。

第二章

悟情怀

概 述

情怀是人们对某种事物产生的一种长期性情感，这种情感会影响人们对周边事物的看法和行为的选择。与理性思维的重要性一样，情感的力量也需被重视，马克思主义作为凝聚世界人民力量、激励世界人民奋斗的思想，必须有感性的情怀来温暖人民、激励人民、团结人民。学习马列原理，不仅要深化理论学习，更要体悟这种动员世界人民的情感力量。人民情怀与人类情怀是马克思主义情怀中的重要部分。

马克思人民情怀的核心要义在于坚持以人民为中心，坚持为人的自由而全面发展、不懈奋斗。在人民情怀的指引下，马克思、恩格斯等人始终坚持人民立场，《共产党宣言》明确指出，无产阶级的运动是为绝大多数人谋利益的独立的运动，这里的“绝大多数人”就代表着世界最广大的人民。习近平总书记在纪念马克思诞辰200周年的讲话中评价道："马克思主义是人民的理论，第一次创立了人民实现自身解放的思想体系。"

马克思的人类情怀，是一种胸怀世界的情怀，是一位"世界公民"对人类命运深刻思考、对世界人民深刻关怀的情怀。这种情怀是世界人民共有的企盼和愿景，正因如此，马克思不仅在社会主义国家具有强大的号召力，在世界中也具有极大的影响力。1999年，由英国发起的"千年第一思想家"评选中马克思位居第一名。2005年7月，英国广播公司又以古今最伟大的哲学家为题，调查了3万名听众，结果马克思以27.93%的得票率获得第一。感性而温暖的人类情怀是马克思具有全球性的影响力的秘诀之一。

马克思的人类情怀是以世界历史和世界共同体的眼光关注人类共同发展的情怀。马克思认为，共产主义是一个阶级、国家消亡的社会，人类将会作为一个由各种要素相互结合的整体存在，在这个社会，每个人都将自由而全面地发展。当今世界，全球化趋势已经显现，有许多挑战超越国界，成为世界人类必须共同面对的课题。经济全球化背景下各国经济发展休戚与共，全球气候问题需要世界共同努力，人类消除贫困的斗争任重道远，世界安全威胁仍然存在，新冠肺炎疫情对全球发展造成冲击，面对这些共同课题，世界人类必须团结起来共同应对。

将马克思主义作为指导思想的中国共产党自诞生之日起就坚持将人民情怀作为中国共产党执政的精神动力，作为中国共产党人的内在思想品质。习近平总书记在庆祝中国共产党成立100周年大会上的讲话中指出，“江山就是人民、人民就是江山，打江山、守江山，守的是人民的心”。中国共产党始终坚持全心全意为人民服务的宗旨，坚持以人民为中心，把人民群众对美好生活的需要作为指导社会前进的方向，把为人民谋幸福作为执政目标，把群众路线作为行动指南；宇宙只有一个地球，人类共有一个家园，当代中国共产党人在人类情怀支持下提出了中国方案，即构建人类命运共同体，是坚持人类情怀重要的行动指南。新时代，以习近平总书记为核心的领导集体提出了许多站在人民立场之上的治国之策，指导中国开展治国实践，赋予了马克思主义人民性鲜明的中国特质和时代特征。

第一节 人民情怀

人民情怀是马克思主义蕴含的深厚情怀，也是中国共产党人始终坚持的情怀，在中国共产党治国理政的实践中不断被丰富和发展。新时代，习近平总书记提出了许多站在人民立场之上的治国之策，在治国实践中实现了马克思主义人民情怀的新飞跃。学习马克思与习近平总书记关于人民情怀的认识和实践，对树立人民情怀具有启示作用。青海省坚持人民为中心的发展理念，落实普惠民生的政策措施，致力提升青海省人民的安全感、幸福感、获得感。本节将从青海省服务人民的社会实践案例出发，分析个人和组织如何坚持人民情怀。

案例 青海：坚守人民情怀，增进民生福祉

（来源：《青海日报》2022年1月24日；中国政府网2021年1月15日；青海省人民政府网站2020年7月12日，等等）

青海省坚持以人民为中心的发展理念，把人民情怀贯穿青海省建设的每个环节，从民生建设、乡村振

兴、保障人民生命安全三个方面出发，聚焦人民群众普遍关心的问题，加强民生建设，增进民生福祉，提升人民幸福感。在“2021中国最具幸福感城市”评选中，青海省西宁市位列其中，这是青海省坚持人民情怀的成效之一。

1. 全方位保障民生，提高人民幸福感

青海省从就业、教育、社会保障、医疗、住房、经济发展、人民安全等老百姓的心头事出发，致力实现“幼有所育、学有所教、劳有所得、病有所医、老有所养、住有所居、弱有所扶”的目标，全方位保障民生，织牢一张严密的民生保障安全网，提升人民群众的获得感、幸福感、安全感。

就业是民生之本。青海省政府办公厅印发《关于支持多渠道灵活就业的若干举措》，从扩大就业空间、优化就业环境、强化就业服务、加强组织实施4个方面细化提出24条具体政策措施，全方位、多渠道支持灵活就业，保障青海就业工作稳步推行。第一，多渠道扩大就业空间，为创业提供贷款资助、减税、补贴，为就业提供技能培训、权益保障、补贴政策，推动新产业、新业态、新模式发展，增加就业岗位。第二，提供良好就业环境，强化就业服务，提出优化灵

活就业审批管理服务、取消有关收费降低灵活就业成本、提供低成本场地减轻灵活就业场租负担、优化公共就业服务推动灵活就业、实施包容审慎监管促进灵活就业健康发展等措施。第三，加强组织实施，确保各项政策落实落地落细。

教育是民生之首。教育不仅关乎国家发展大计，更关乎百姓的切身利益，是关系到千家万户的事业，是涉及面最广、影响最大的“民生”。“十三五”期间青海省财政厅始终坚持保障各类教育协调发展，不断优化支出结构，加大资金投入力度，保障义务教育，完善学前教育，推进高等教育发展。完善城乡义务教育经费保障机制，落实从学前教育到高等教育各阶段学生资助政策，每年惠及学生90余万人，不断完善教育基础设施建设，提升人民群众对教育的满意度和获得感。支持两期学前教育“三年行动计划”，保障学前教育发展。支持西宁、海东、海西新建三所综合型高职院校，推进涉藏州县“一州一校”建设、省级示范校和优势特色专业建设，提升高校综合实力。加强教师队伍建设，实施“国培”“省培”计划，建立藏汉双语免费师范生培养机制，实施特岗教师支持计划，落实乡村教师生活补助制度，促进青海省教育质量稳步提升。

社会保障是民生的兜底线。为提升青海省社会福利服务设施建设水平，青海省民政厅同青海省发展和改革委员会争取中央预算内投资9 710万元，让更多困难群体受益。这些资金主要用于4类7个社会福利服务设施项目建设。其中，儿童福利服务项目1个、中央预算内投资1 200万元，流浪乞讨人员救助管理站项目2个、中央预算内投资845万元，殡葬服务项目2个、中央预算内投资3 365万元，精神卫生福利机构项目2个、中央预算内投资4 300万元。

医疗是人民关心的重要问题。青海率先在全国实施医疗救助省级统筹，2021年，青海省将全面实施医疗救助省级统筹，全省范围内实现救助范围、救助政策、基金管理、经办服务、信息系统的“五统一”。统一救助范围，将困难群众统一纳入医疗救助范围；统一救助政策，对重点救助对象等给予全额或定额资助参保；统一基金管理、筹集、拨付使用、账户管理，实行基金统收统支统管；统一经办服务，统一全省医疗救助经办业务流程；统一信息系统，建立全省统一的医保信息管理系统，依托省政务大数据服务平台，快速实现各个部门的信息数据共享，全面实现医疗费用“一站式”结算，便捷人民医保使用。青海省这些举措进一步推动了医疗救助的高质量发展，夯实医疗保障功能，充分发挥基本医保、大病保险、医疗救助制度在减轻城乡困难群众医疗费用负担方面综合保障的作用，加强医疗保障巩固脱贫攻坚成果，有效衔接实施乡村振兴战略，最大限度防止“因病致贫、因病返贫”问题。

住房是老百姓安居乐业的重要基础。青海省健全“多主体供给、多渠道保障、租购并举”的住房制度，保障居民“住有所居，住有宜居”。一方面，从完善分配方式、稳定房价、租购并举保障居民住有所居。完善分配方式，优先保障低保、低收入住房困难家庭实现应保尽保，将外来务工人员纳入住房保护政策；保障房价，将“稳地价、稳房价、稳预期”落到实处，规范房地产开发、交易、租赁等行为，保障价格公开透明，执行商品房价格公示制度；完善公共租赁住房建设、回购、运营管理，研究并启动保障性租赁住房建设工作。另一方面，从住房改造、物业管理保障居民住有宜居。实施棚户区改造，统筹推进老旧小区综合改造项目和多层住宅加装电梯项目；加快出台物业服务星级收费标准，全面推行住宅星级物业服务收费机制，推行“红色物业”，不断推进物业服务工作提质增效，让业主生活更方便、更舒心、更美好。

养老问题是老龄化时代背景下的关键难题。青海省结合青海特色，从社会救助、养老服务监管、养老人才培养等方面打造健全的养老服务体系，为青海人民提供安心的养老保障。积极探索智慧养老院和智慧养老社区，深入推进居家社区养老服务、政府购买养老服务、公办养老机构三项改革任务，开展“养老护理员进家庭”“家庭照护床位”“社区老年人康复辅具器具租赁”“养老服务联合体建设”“志愿服务进医院”等试点工作，不断提升供给能力，为老年人提供更有效率、更有温度的服务。针对农牧区地广人稀、服务半径大的实际，青海省分层分类推动养老服务发展，积极探访特殊困难老年人，对农村牧区困难老年人结对帮扶。充实养老服务的人才队伍，推动城镇和农村养老服务需求与城乡富余劳动力供给有效对接，加快脱贫地区农村劳动力向养老服务人员的有效转移。针对青海特色，发展养老产业、银发经济，建立高原特色养老产业平台，依托青藏高原自然和民族特色人文资源，开展高原低氧环境下人体生理变化研究，研发生产青藏高原绿色有机产品等举措，打造具有青海特色的养老产业，发展宜游宜居宜养的高原健康养老产业。

青海省坚持以人民为中心，坚持把大部分财政支出用于民生事业，持续加强基础性、普惠性、兜底性民生建设，改善民生福祉，提升人民群众的获得感、幸福感、安全感。

2. 推进乡村振兴，提升人民生活水平

产业振兴是乡村振兴的关键。青海省依托当地资源优势支持旅游观光、农牧业等产业发展，举青海全省之力扎扎实实推进乡村振兴。边麻沟村是青海省乡村振兴成果的一个缩影，当地在发展旅游业的同时，积极发展农家乐、民宿等第三产业，建设农副产品加工厂，积极引进优秀人才和企业投资，带动窎沟片区10个村发展全域旅游，成为乡村振兴的发展样板。

环境美化助力乡村振兴。青海省完善乡村振兴配套政策，启动乡村振兴试点，建设美丽乡村。有序推进高原美丽城镇“5+1”试点工作，在全部村庄开展清洁行动，推动农牧区“厕所革命”，在政府和人民的长期努力下，村容村貌更加整洁，留住了青海美丽风光，建设出高原美丽乡村。

动态监测巩固脱贫成果。脱贫摘帽不是终点，而是新生活、新奋斗的起点。青海省开展动态监测帮扶，及时发现返贫致贫风险并加以解决，巩固脱贫成

果。让农业强起来、农村美起来、农民富起来，青海省各部门立足实际，围绕乡村振兴战略总要求，优化政策，狠抓落实，统筹推进巩固拓展脱贫攻坚成果同乡村振兴有效衔接工作，提升高原城镇和高原乡村居民朝着共同富裕稳步前行。

3. 积极处理突发事件，保障人民生命安全

全力开展抗震救灾。2021年5月22日，青海省果洛藏族自治州玛多县发生7.4级地震。地震突如其来，青海省第一时间全力开展抗震救灾。积极拨款，助力灾后重建，青海省财政厅下达中央自然灾害救灾资金1.59亿元，支持灾区做好倒塌受损住房重建及维修、受灾群众生活救助等方面的工作。

有效开展疫情防控。过去一年，青海省疫情防控取得成效，面对散发、零星疫情，青海省各单位坚持外防输入、内防反弹的抗疫策略。以务实管用的举措斩断传染源、阻断传播链，牢牢掌握疫情防控主动权，不落一人，全面消除风险隐患，确保了全社会生产生活秩序的稳定运行。

在突发的地震和疫情应对中，青海省委、省政府始终坚持以人民为中心的发展思想，针对问题精准施策，积极有效应对，保障了人民群众的生命财产安全。

案例启示

1. 坚持人民情怀，以人民的需要引领奋斗的方向

坚持心系人民，树立为人民谋幸福的人生理想。青年只有把自己的小我融入祖国的大我、人民的大我之中，将个人理想同人民需要相结合，“才能更好实现人生价值、升华人生境界。离开了祖国需要、人民利益，任何孤芳自赏都会陷入越走越窄的狭小天地”。树立以人民为中心的人生理想，需要同人民群众保持密切的联系，在同人民交往中弄清楚、搞明白人民的需要，把人民的需要作为不断前行的方向。无论是马克思还是习近平同志，通过同人民的密切交往和对人民生活的调查研究，最终都选择把为人民服务作为自己的人生理想，并且为了追求人生理想不断奋斗，赢得了人民的支持和喜爱，实现了个人的人生价值，跳出“小我”，向着“大我”境界不断前进。

坚持砥砺奋斗，开展为人民谋幸福的实践活动。人民情怀决定人民立场，在人民立场下构建立足于民的理论，生成服务人民的社会实践。人民情怀，最终要在实际行动中去检验。马克思一生积极参与革命运

动，发表为民言论，探索人民理论，为无产阶级运动提供科学指导，为世界无产阶级运动留下了丰厚的财产。习近平同志无论是在地方还是中央，始终坚持以人民为中心，提出了系列利国利民的政策，坚持深入基层，保持同人民群众的密切联系，发表了许多关于人民的重要论述。青海省从加强民生建设、促进乡村振兴、保障人民安全等方面出发，提出了许多保障民生、有利于民的政策。这些都是对人民情怀的坚守和实践。

2. 坚持人民情怀，以群众路线明确工作的方法

内化于心，外化于行，知行合一，才能真正做到坚持人民情怀。中国共产党坚持为人民服务的宗旨，确立了群众路线这个行动指南。

“一切为了群众”，是一切工作的根本出发点。要把人民的利益作为党的最高利益，作为一切工作的最终目标。党的十九大报告指出，我国的社会主要矛盾已经转化为人民日益增长的美好生活需要和不平衡不充分的发展之间的矛盾。如何满足人民对美好生活的需要是我国开展工作的重点，为此，我国提出“五位一体”、新发展理念等满足人民在政治、经济、文化、社会、生态环境等方面的需要。青海省政府坚持以人

民为中心的观点，实施一系列普惠民生的政策，从就业、教育、住房等各方面满足人民需求，实施乡村振兴战略，提升人民生活水平，在各种突发事件中敢于担当，保障人民生命安全，增进青海人民生活获得感、幸福感、安全感。

“一切依靠群众”，是我们党一切工作的力量源泉。马克思认为人民是社会物质财富和精神财富的创造者，强调在无产阶级运动中人民的主动性，主张凝聚人民力量，发挥人民智慧，推动社会发展。社会发展离不开我们每个人的共同努力和奋斗，新时代，作为社会的一员，我们要怀着人民情怀，辛勤劳动、诚实劳动、创造性劳动，为国家发展、人民幸福贡献自己的一分力量。青海省在加强民生建设中坚持一切依靠群众，积极动员人民参与到青海建设中来。改善就业环境，保障人民就业；加强教师队伍建设，促进教育发展；发展银发经济，充实养老服务人才，减缓养老压力。在现代化建设征程中，要充分发挥人民的主动性，凝聚发挥人民的智慧和力量，自觉接受人民的监督，推动中国建设和发展。

“从群众中来，到群众中去”，是我党的根本工作方法。人民是执政的根基，是执政的力量源泉。树立人民情怀，要深入群众，体察民情，与人民建立深厚感情，设身处地为人民谋利益。马克思在深入人民生活和调查研究中树立了带领世界人民走向解放的人生理想。习近平总书记在与陕北人民深切交往中认识到人民的重要作用，把人民的利益作为执政的根本所在。青海省坚持把人民对美好生活的需要作为改善民生的重要方向，全力解决就业、教育、医疗、住房等人民群众关心的问题，为人民创造良好的生活条件。坚持“从群众中来，到群众中去”的工作方法，把初心根植于人民土壤，与人民紧密相连，把人民内在需求转化为自己的具体目标和行动，向着新征程不断向前。

第二节　人类情怀

人类情怀更强调用一种世界的眼光关注人类的发展，关注世界人民的解放。中国共产党胸怀天下的人类情怀来源于马克思主义，也植根于中国优秀传统文化的土壤。新时代，党提出构建人类命运共同体的思想成为引领人类前进方向的鲜明旗帜，带领中国将胸怀天下的人类情怀付诸解决全球性问题的实践。本节将从中国坚持人类情怀的具体措施和中国化的人类情怀培育路径阐明如何培育和坚持人类情怀。

案例 中国“兼济天下”的人类情怀

（来源：《人民日报》2019年7月11日）

“世界大同，天下一家”“达则兼济天下”这种人类情怀早已深深根植于悠久的中华文明中。新时代，在马克思主义指导下，在中国优秀传统文化的影响下，中国继承和发展了人类情怀，提出构建人类命运共同体的思想，用实际行动生动展现了中国的广阔胸怀和对人类的关怀，回答了中国为“建设什么样的世界”所做的努力与贡献。

对世界人民的关心关爱。中国兼济天下的人类情怀，体现在对世界人民的关怀和救助中。在埃博拉病毒威胁西非人民生命安全时，中国无偿派遣中国医疗队援助西非，彰显出中国人民对西非人民的关心，彰显了中国的大国担当；新冠肺炎疫情侵袭全球，中国积极分享抗击疫情经验，为世界提供医疗援助，对在华外籍人员一视同仁，保障外籍人员生命安全；面临世界安全威胁，中国积极派遣维和军事人员，积极参与联合国维和行动，被国际社会誉为“维和行动的关键因素和关键力量”。2016年“厄尔尼诺现象”导致东非许多国家上千万人受到饥饿的威胁，中国第一时间送去了粮食援助。一次次挺身而出，体现了中国对人类生命安全的关注。面对各国危急情况，中国为世界提供自己力所能及的帮助，保障世界人民生命安全。

对世界建设的实际行动。中国积极关注世界发展，为世界建设做出贡献。中非“十大合作计划”为非洲建设带来了实在的好处。在民生领域，中国已经免除了20多个非洲国家2015年年底到期的无息贷款债务。在工业化合作领域，中国成功地增加了非洲中小企业发展专项贷款，为非洲国家提供了15万人次的专业技术人才培训。在基础设施方面，中国为非洲建设了一批公路、铁路、机场、港口等。除了这些，中国还在许多民生领域，包括学校、医院、清洁供水项目等，为非洲提供了大量的援助。

对世界和平发展的责任担当。中国兼济天下的人类情怀，体现在对世界和平发展的责任担当上。世界银行报告显示，“一带一路”倡议可加快数十个发展中国家的经济发展与减贫，倡议全面实施可使3 200万人摆脱中度贫困。既各美其美又美美与共，既授人以鱼又授人以渔，中国不搞成果独享，乐意于各国人民搭乘中国发展的“快车”“便车”，追求世界和平发展。人类情怀，说到底是以世界和平与发展为己任，积极为人类社会进步增添正能量，为世界人民过上幸福美好生活做贡献。

对中国智慧的世界分享。新时代中国在脱贫攻坚、科技创新、数字经济、抗击疫情多个领域取得了成果，积累了丰富的经验，并向世界分享这些中国智慧。脱贫攻坚战的胜利，解决了困扰我国许久的贫困问题，也为世界提供了脱贫经验。中国积极参与全球减贫治理，加强经验交流共享，共同推进国际减贫合作。顺应广大发展中国家的期望，通过组织减贫培训、论坛交流和项目示范，着重加强发展中国家的减贫能力建设，提升发展伙伴国减贫治理能力。新冠肺炎疫情肆虐全球，中国向世界分享中国新冠疫情的信息与中国战“疫”经验，为世界抗击新冠肺炎疫情提供了充分的信息保障与中国智慧。打开大门、敞开怀抱，分享中国智慧，折射出一个泱泱大国的“人类情怀”。

对世界环境的贡献。我国深刻认识到环境保护对于人类永续发展的重要意义。党的十八大以来，我国坚持生态文明建设，推动绿色发展，坚持“绿水青山就是金山银山”的理念，在全国人民的共同努力下，中国生态环境面貌焕然一新。中国在坚持自身生态文明建设的同时，也在为世界的绿色发展提供着智慧和行动支撑。2015年11月29日巴黎气候变化大会上，中国系统阐述加强合作应对气候变化的主张，为《巴黎协定》的达成、生效与实施产生了积极推动作用。出资200亿元人民币设立气候变化南南合作基金、为太平洋岛国应对气候变化提供支持、建立“一带一路”绿色发展国际联盟、将绿色发展合作计划纳入中非“十大合作计划”等都是中国对世界环境保护的切实贡献。

对世界国家的主权尊重。中国对他国的帮助，绝不是建立在对他国内政的干涉之上。自新中国成立以来，我国奉行独立自主的和平外交政策，中国与他国外交始终坚持和平共处五项原则，中国以一种平等的态度、一种胸怀天下的情怀对待世界各国。

案例启示

1. 服务民族复兴，促进人类进步，立己达人兼济天下

推动民族复兴，为世界协同发展贡献中国力量。中华民族伟大复兴离不开世界发展，美好世界的建设也需要中国力量。作为人类整体的一部分，中华民族自身的发展本身就是人类整体发展的推进力量，积聚中国力量为世界提供中国智慧和中国方案，可以促进人类整体文明的进步。在中国共产党带领下，中国正朝着中华民族伟大复兴的中国梦稳步前行，创造了人类历史上前所未有的发展奇迹，为世界人民、世界建设、世界和平、世界环境贡献了中国智慧、中国方案、中国力量。

弘扬中华文明，为人类命运共同体提供文化动力。人类命运共同体是人类对真善美的理想世界的追求，它蕴含在世界各国文明思想之中。在中国传统文化中，中华儿女天下为公的情怀和中华民族对大同世界的追求都蕴含着人类命运共同体的理念。弘扬中国优秀传统文化中的大同世界、天下为公等思想能为人类命运共同体的发展提供文化土壤，为马克思主义中

国化提供文化动力。

中西文明融合，为世界各国携手共创美好世界提供基础。中国提倡人类命运共同体，既不是要否定他国文明，让世界臣服于中国，也不是要完全抛弃中华民族自身的特性和优秀文化，而是在胸怀天下、海纳百川的人类情怀之下，肯定世界文化的多样性，吸收借鉴优秀文明成果，创造一种世界人民共同企盼的文明新形态。中西文明并不是完全对立，而是有着共同的价值追求，要把握好中华文明自身特性和世界共性，在相互融合、相互借鉴中淬炼人类共同价值，各美其美，美美与共，实现天下大同。

2. 坚持人类情怀，参与全球治理，共建人类命运共同体

在全球化的时代背景下，人类的交往已经变成了世界性的联系，必须把中国的现代化建设自觉融入世界历史进程中去，坚持人类命运共同体思想，寻求人类共同利益和共同价值的新内涵，以更加广阔的国际视野加强国际交流与合作，才能更好地实现中国自身的发展，为构建和谐美好的世界贡献中国力量。

参与全球治理，共建人类命运共同体。面对复杂的世界问题，中国提出“中国方案”，分享“中国智

慧”，开展“中国行动”，积极参与全球治理，关怀世界人民生命安全，承担大国责任，展现大国担当，在关心世界人民、开展世界建设、维护世界和平、保护世界环境等方面都贡献出自己的力量，用实际行动诠释中国在“建设什么样的世界”中所做的贡献，提出“和平、发展、公平、正义、民主、自由”的全人类共同价值，动员世界各国一起为人类进步不断奋斗。

小　结

本章从人民情怀和人类情怀出发，讲述了马克思主义中蕴含的两种基本情怀，这两种情怀是马克思赢得世界大多数人支持的情感源泉。新时代，坚持人民情怀、人类情怀，深入理解马克思主义理论的出发点和落脚点，有助于读懂我国当前治国理政的方向与动力，树立自己的人生理想，明晰人生的奋斗方向。

第一节选择青海省多角度改善民生、提升人民幸福感这一案例，阐释了如何坚持人民情怀。第二节选择中国坚持人类情怀的多方面举措这一案例，展现了如何培育和追求人类情怀。

人民情怀，肯定了人民在社会历史中的主体性和主要地位。个人坚持人民情怀，要将人生理想同人民需要相结合，将“小我”融入“大我”，树立远大理想，追求“大我”境界。领导集体坚持人民情怀，要坚持以人民为中心，敢于同阻碍民生发展的困难做斗争，坚持为人民幸福砥砺奋斗。共产党人坚持人民情怀的行动指南是坚持“一切为了群众，一切依赖群众，从群众中来，到群众中去”的群众路线，在为人民谋幸福的初心使命中提升共产党的执政能力和水平。

人类情怀，是一种“天下为公”的情怀，是对“天下大同”的追求，是世界人民共有的、关切人类自身发展的情怀。坚持人民情怀，首先要传承中华文明，实现中华民族自身的发展，在民族复兴中促进人类进步。世界作为一个整体，因为拥有多种文明而生机勃勃，坚持人类情怀，也要融合协调世界文明，各美其美，美美与共，展现中国将自身古老文明和世界文明相统一的大国情怀和世界胸襟。在全球化背景之下，中国的建设也离不开世界的发展，面对日趋复杂的世界问题，中国要坚持胸怀天下的人类情怀，积极参与全球治理，推动世界人类进步，共建美好世界。

第四章

悟方法

概　述

方法是人类认识客观世界和改造客观世界应遵循的某种方式、途径和程序的总和，是人要实现某一目的必不可少的中介因素。马克思主义哲学以实践观为基础，解决了思维和存在的问题，把唯物主义引入人类社会当中，实现了唯物主义自然观和历史观的统一、唯物主义和辩证法的统一，推动辩证唯物主义和历史唯物主义的形成，为认识世界、改造世界提供了根本方法，是指导共产党人前进的强大思想武器。在马克思主义哲学中，实践的观点是核心，历史唯物主义和唯物辩证法是基础，坚持实事求是，学习唯物辩证法的基本观点与基本规律，树立历史唯物主义的眼光，是领悟马克思主义哲学方法论的重要内容。

实事求是指从实际对象出发，探求事物的内部联系及其发展的规律性，认识事物的本质。毛泽东同志

1941年在《改造我们的学习》中曾对实事求是做过经典阐述，“实事”就是客观存在着的事物，“是”就是客观事物之间的联系，即事物之间的规律，“求”就是我们去调查研究客观事物规律的过程。实事求是是马克思主义哲学唯物论、辩证法、认识论的集中体现，是马克思主义的根本观点，是中国共产党思想路线的核心。学习运用马克思主义哲学方法论，必须要把实事求是思想作为基石。

唯物辩证法认为世界是普遍联系、不断运动、充满矛盾的整体，要用联系、发展、全面的眼光看待问题，用矛盾分析方法解决问题，推动社会发展。唯物辩证法是我们观察世界、判断形势的基本方法，新时代，面对更加复杂的社会现象和问题，要增强运用唯物辩证法的本领，提高自己认识世界、解决问题的能力。

唯物史观即历史唯物主义，是马克思主义关于社会历史的认识和对历史规律的总结，是我们学习历史的根本方法。习近平总书记指出，“在革命、建设、改革各个历史时期，我们党运用历史唯物主义，系统、具体、历史地分析中国社会运动及其发展规律，在认识世界和改造世界过程中不断把握规律、积极运用规律，推动党和人民事业取得了一个又一个胜利”。唯物史观的基本思想包括生产力决定生产关系、经济基础决定上层建筑、社会存在决定社会意识、人民是社会历史的主体等内容，坚持唯物史观，要尊重社会实际，遵循社会矛盾的运动规律，坚持人民在社会中的重要作用。在全党学习党史的环境下，要学会运用唯物史观指导我们认识党的历史，从党史学习中总结经验，培育历史思维，担当历史责任，坚定理想信念。

第一节　实事求是

实事求是是马克思主义一切从实际出发的中国化表达，是马克思主义哲学方法论的精髓，学习马克思主义方法论最根本的一点就是坚持实事求是。我们要有实事求是的信念，增强实事求是的本领，坚持用实事求是原则看问题。本节通过中共湘区委员会运用实事求是思想开展革命运动这一案例，阐释如何运用实事求是。

案例 实事求是思想在中共湘区委员会的伟大实践

（来源：《湖南日报》2021年11月12日）

湖南是党初创时期践行实事求是思想路线的重要试验场。中共湘区委员会在毛泽东等人的领导下，组织开展了轰轰烈烈的工人运动、学生运动、反帝爱国运动和农民运动，使湖南成为当时全国革命运动发展最迅速的省区之一。中共湘区委员会能够取得良好成绩，离不开当时党中央的领导，亦得益于实事求是思想的伟大实践。

1. 坚持实事求是思想，指导党的建设

党的建设并不是虚化的事情，做好党的建设，关键就在于坚持实事求是，深入实际发现问题，深入实际开展行动，将实事求是作为指导党的建设的重要方法。中共湖南支部（后来改称为中共湘区委员会）在革命中始终坚持一切从湖南实际出发，深入探索湖南实际情况，在实践中总结党的建设规律，带领湖南人民不断发展党的事业，为建党初期党在地方的组织建设树立了榜样，为中国共产党的革命运动提供了方法启示。

加强党的政治建设、组织建设，增强党的战斗力。以毛泽东为首的领导人总结中国共产党建党初期的革命运动，认识到共产党的政治建设、组织建设是党的建设的关键一环，只有加强党的领导，才能团结组织力量，推动革命运动发展。中共湘区委员会领导人认识到这一规律后，加强党的政治建设、组织建设，注重将斗争的领导权牢牢掌握在中国共产党人手中，重视在斗争中巩固和发展党团组织，因而获得了“只有湖南的同志可以说工作得很好”的高度赞誉。

把实事求是思想贯穿干部教育中。在干部培养方面，中共湘区委员会创办湖南自修大学，坚持把“研究马列主义，注重社会实践”作为大学的办学宗旨，秉持“理论联系实际”精神，注重“学思并重”，将一切从实际出发、理论联系实际作为干部培养的关键能力，为党的干部队伍建设探索了正确的道路，为湖南革命运动提供了扎实的人才基础。

2. 结合湖南实际，推动工人运动发展

中共湘区委员会立足客观实际，审时度势，推动工人运动蓬勃发展，获得毛泽东的高度评价。中共湘区依据党中央的部署结合湖南当时的实际情况，以产业工人为重点，迅速掀起了湖南第一次工人运动高潮。罢工要获得胜利，固然需要团结工人、激励斗志、统一纪律，但正确的策略和领导对工人运动的结果也有着重要影响。以毛泽东为首的领导人特别注重根据斗争发展的具体趋势提出不同的谈判条件，密切注意形势变化，依据具体情况及时调整策略，理智分析利弊，坚持“有张有弛，有争有节”的斗争艺术。通过适可而止、立足长远的斗争策略，既捍卫了工人的眼前利益，又争取了工人阶级的长远利益。

3. 开展实地调研，总结实践经验

农民问题是中国革命的基本问题。中共湘区委员会在毛泽东的带领下通过调查研究，用实际行动展示了理论与实践相融合的真谛，为中国共产党寻找适合中国国情的革命道路做好了准备。毛泽东身为当时的领导人，以身作则，亲自主持农民运动讲习所，引导学员“要立刻下了决心，把农民问题开始研究起来”，“从各地的实际工作实际考察中引出一个详细的具体的全国的调查来”。长期的实地调查研究，增强了毛泽东同志对中国农村问题的深入了解，写下了《湖南农民运动考察报告》，这也是中国共产党在农民问题研究中将马克思主义基本原理同中国实际相结合的经典著作，为中国共产党日后探索出以农村包围城市、武装夺取全国政权的革命道路打下了坚实的理论基础。

在毛泽东的带领下，中共湘区委员会各个成员深入农民生活，创办农村补习教育社、农村学校、湖南农民通讯社，提升农民文化素养，增强农民思想建设，在和农民保持密切联系的过程中，深入研究农民问题，总结农民运动规律，为农民运动提供科学的指导。1925年10月底，中共湘区委员会结合韶山等地农民运动的经验，从实际出发总结客观规律，起草和通过了中共湘区委员会《关于农民运动的决议案》，确定了湖南农民运动的短期任务和长期的目标。以毛泽东、刘少奇、何叔衡、李立三、郭亮等为代表的共产党人坚持一切从实际出发，理论联系实际，将“实事求是”思想转化成“为人民谋幸福、为民族谋复兴”的伟大实践。

案例启示

1. 实事求是，是百年党史的经验总结

实事求是，是百年党史中的实践经验。中共湘区

委员会是青年毛泽东革命实践的重要阵地，在毛泽东等共产党人的领导下，中共湘区委员会结合建党初期的革命运动，认识到政治建设、组织建设的重要作用，结合湖南实际带领湖南人民开展革命运动，运用调查研究的方法总结了农民运动的规律，形成了《湖南农民运动考察报告》等著作，为革命运动的开展提供了科学指导。在实事求是思想指导下，中共湘区委员会在早期党的革命建设中发挥了积极示范作用，是实事求是方法的良好实践。

2. 实事求是，要直面问题、深入调研、总结规律、精准施策

直面问题，了解客观事实。坚持实事求是，首先要从客观事实出发，深入实际、了解实际，弄清楚实际情况和实际问题。中共湘区委员会认真分析建党初期的革命形势和湖南的实际情况，弄清楚当时历史阶段下湖南的实际情况，依据客观事实及时调整战略方针，坚持党的政治建设和组织建设，加强党的领导，为党的事业提供了宝贵经验。

深入调研，总结本质规律。想要真正掌握实际情况，要坚持调查研究这个方法，深入一线，调查问题。毛泽东运用调查研究的方法，写出了《湖南农民

运动考察报告》等著作，为中国共产党探索出以农村包围城市、武装夺取全国政权的革命道路打下了坚实的理论基础。在毛泽东同志的领导下，中共湘区委员会分析思考湖南农民运动实际情况，由表及里探寻本质和规律，形成了《关于农民运动的决议案》，确定了湖南农民运动的短期任务和长期目标，为湖南农民运动提供了指导。

精准施策，解决实际问题。实事求是最终要落实到是不是干了实事、是不是有实效。

面对中共湘区委员会运用实事求是取得实效的案例，我们要坚定使用实事求是这个方法的信心，增强运用实事求是的本领，把实事求是作为学习、工作中的重要方法。

第二节　唯物辩证法

唯物辩证法是我们认识世界、解决复杂问题的基本方法，坚持唯物辩证法，要坚持联系观、发展观、矛盾观，把握好现象和本质、整体和部分、量变和质变、当前和长远、重点和非重点等辩证关系。辩证思维是一个承认矛盾、分析矛盾、解决矛盾的过程，提升辩证思维，将会提升我们认识、解决复杂问题的能力。但是，这并不意味着可以将这种辩证关系成为随意套在论题上的刻板公式，而是真正认识到客观事物是充满矛盾的，分析事物本质的矛盾所在，灵活解决矛盾，克服两极对立、非此即彼的形而上学的思维方式。本节将通过山东魏桥集团使用辩证法实现高质量发展这一案例，阐释如何在具体实践中运用唯物辩证法。

案例 布局科技创新，迈向现代企业，勇闯高质量发展新路——魏桥的转型图强“辩证法”

（来源：《大众日报》2020年4月3日）

2020年，山东魏桥创业集团有限公司被评为中国民营企业500强榜单中第13名，销售收入2 970亿元。从一家小型油棉加工厂，经过40年艰苦创业，到今天成为山东最大的民营企业，全球具有竞争力的棉纺织企业和铝业生产企业，魏桥集团始终坚持“拼搏进取，求实创新，快速高效，勇争一流”的企业精神。新时代，魏桥创业集团有限公司面临着发展道路的抉择，是继续走扩大产能的发展老路，还是打破路径依赖，闯出一条高质量发展的新路？魏桥集团运用“辩证法”进行企业变革，结合我国发展趋势，总结企业发展规律，调整企业未来发展策略，走出了一条高质量发展的创新之路。

1.“大与小”的辩证法

公司的高质量发展，要抓住创新能力这个主要矛盾。魏桥集团深刻认识到，一家公司的强大，不是靠排名和盈利能力，而是要聚焦到创新能力的具体发展要素。作为连续8年荣登世界500强的企业，魏桥集团无疑拥有着巨大的规模，但是规模大也意味着变革难。英国管理大师查尔斯·汉迪提出，一切事物的发展都难逃“S型曲线”，迟早都会滑过抛物线顶点达到增长极限，而维持增长的秘密是在曲线达到顶点前开始第二条新的曲线。对此，魏桥创业集团董事长张波深刻认识到创新对企业发展的重要作用，加大研发投入、提升创新能力，依靠创新打造企业发展的第二条新的曲线，保持公司的持续发展与进步。

科学技术是推动创新的引擎，坚持“产学研金服用”一体化，为创新提供动力。魏桥集团积极与中国科学院大学、中信信托建立合作关系，设立100亿元产业基金，依据科技前沿和产业需求，共建魏桥国科研究院。基于滨州产业基础和中科院相关院所特长，魏桥国科研究院将建设大数据研究中心、金属材料研究中心、纺织材料研究中心等七大专业研究中心。联合渤海科技大学设置智能制造、金属材料等8个学院，为山东产业升级培养一批管理及技术人才。魏桥集团坚持山东省“产学研金服用”一体化发展策略，将科学家、金融家、企业家融合起来，转化科研成果，为企业创新发展提供理论、人才、技术支持。一体化的融合实效可观。光刻胶是电子化学品中技术壁垒最高的材料，中科院化学研究所突破了这项“卡脖子”关键技术，这个项目原本计划在外省落地转化。魏桥集团主动提出负责承担项目基础设施建设，并提供6 000万元作为项目入股资金，争取到这个项目落地滨州。今年，魏桥将引进中科院10个“高精尖”项目。这些项目看起来“小”，但潜力无限。

量变的积累，促进质变的实现。创新，要承受失败的风险，也需要极大的耐心。2017年，魏桥与苏州大学共建铝应用研究院。当时，张波对研发团队说：“你们踏踏实实搞科研，不要有思想负担，允许5年不出成果，允许失败。”科技创新上迈大步，离不开现代企业制度的发展完善。“家族企业”的企业制度一直是魏桥集团无法回避的问题。魏桥积极变革企业制度。2017年，魏桥旗下的上市公司中国宏桥集团引进中信信托、中信银行作为战略合作伙伴，开启了混合所有制改革。继纺织、铝业两大板块香港上市，铝业板块引进战略投资者后，魏桥集团正在酝酿推出更大力度的混合所有制改革，向现代企业加快转型。

2.“增与减”的辩证法

在粗加工上做减法。以往对原材料粗加工的做法在新时代下不再是增加产能与效能的优选，精加工、新材料、智能制造才是企业永续发展的动力。为此，魏桥集团坚持在粗加工上做减法，在精加工、智能制造中做加法，促进企业产值增加。2019年12月，魏桥投资的203万吨电解铝项目在云南省砚山县动工。魏桥铝业公司总工程师高立节说道：“面对资源环境制约，这个项目将为滨州压减1 000万吨煤炭消耗量。新建的云南工厂全部利用当地丰富的水电资源，彻底告别煤电。”

在循环经济上做加法。再生铝的能耗只有传统电解铝的3%—5%，在这个认识上，魏桥集团拿出3万多平方米厂房，以仅收取土地使用税的“成本价”吸引中国最大的再生铝合金生产企业新格集团落户。以此为代表，魏桥正在滨州重新布局200多万吨再生铝生产项目，打造全国最大的再生铝循环产业基地。产业下游，汽车轻量化材料生产中同样在做加法，魏桥布局了轻量化挤压结构件、轻量化全车身总成、轻量化铝型材、轻量化中试基地4个项目，总投资达到17.5亿元。

3．“长与短”的辩证法

世界是普遍联系的，“创新不是孤立事件，它们趋于集群。”美国经济学家约瑟夫·熊彼特说。魏桥一个集团的创新是有限的。延长产业链，壮大产业集群，在价值链提升上“再造一个新魏桥”。1吨铝加工成铝杆，附加值只有500元，但是延长产业链，将其加工成低压绝缘电缆，附加值就变为了5 000元，再延长产业链，加工成汽车轻量化材料，附加值就会达到八九万元。魏桥的做法是整合社会资源，延长产业链，最终提升集团铝产品的价值和利润。现在的魏桥铝深加工产业园过去只是一个闲置厂区，在魏桥集团带动下，现已集聚了20家铝深加工企业，成为延长魏桥集团产业链的重要园区。

魏桥集团发挥铝产业“龙头”作用，利用政府政策，吸引合作伙伴，整合社会资源，延链、补链、强链，带动了产业集群化、高端化发展。通过承诺提供稳定、优质的原材料和价格优惠的电气能源，邀请生产高性能铝合金材料的万通金属科技有限公司从广东惠州搬了过来，成为魏桥集团的下游企业。魏桥集团运用各种资源，吸引来自河南的生产铝制阳光房的企业，来自宁波的制造电饭锅的企业，来自珠海的生产易拉罐配套拉环产品的企业等在园区落户。在魏桥的带动下，过去一年滨州铝原料就地转化为中高端铝制品的比例达到35%，同比提升10.3个百分点，高端铝产业集群实现主营业务收入3 708.4亿元。魏桥集团通过辩证法实现了成果转型，绽放出新的精彩。

案例启示

1. 增强运用唯物辩证法的本领，把握辩证关系

矛盾具有普遍性，存在于一切事物中，并且贯穿事物发展的始终，但是矛盾也具有特殊性，要坚持具体问题具体分析，针对具体情况制定具体的解决策略。同时面对矛盾也要把握矛盾的同一性和斗争性，

认识到矛盾双方不是完全对立的，而是相互依存、相互统一，在一定条件下可以相互转换的，把握矛盾双方的对立统一关系，将其转化为推动事物发展的动力。

魏桥集团在转型发展的过程中认识到矛盾双方的对立统一，有效处理“大与小”“增与减”“长与短”的辩证关系，将其转换为适应新时代发展的动力。把握好“大与小”的辩证关系，将“大发展”聚焦到创新这一具体问题，把创新作为企业发展的主要方面，集中力量提升企业创新能力，增强企业竞争力；把握好“增与减”的辩证关系，提升企业精细化生产能力，增加产能和效能，提升企业利润；把握好“长与短”的辩证关系，整合社会资源，延长企业产业链，促进企业发展。魏桥集团通过把握好这些关系，将矛盾双方转化为有利于发展的方面，促进了魏桥集团的发展。

2. 学会运用联系和发展的眼光，解决复杂问题

唯物辩证法是解决复杂问题的重要方法。党的事业越是向深处发展，越要不断增强辩证思维能力，提高驾驭复杂局面、处理复杂问题的本领。山东省魏桥集团运用唯物辩证法及时调整集团发展方向，坚持以

创新为导向，提升能源利用率，延长产业链，壮大产业集群，推动企业成功转型，在国内制造生产低迷的情况下抓住机遇，保持高质量发展。

树立好联系的眼光，全面系统看问题，协同推进助发展。世界是普遍联系的，认识事物要着眼于整体，优化内部结构，协同推进整体发展。魏桥集团深刻体会到依靠自身的创新是有限的，在这个认识基础上，积极利用政府政策，吸引合作伙伴，整合社会资源，延链、补链、强链，带动了产业集群化，最终提升集团铝产品的价值和利润，在产业整体发展中实现自身发展。

坚持创新推动，是辩证法的本质特征。一切事物都在不断运动和发展之中，提升创新能力是事物发展的源泉和动力。魏桥集团深刻认识到创新是推动集团高质量发展的重要源泉，坚持以创新为导向，变革企业体制，坚持“产学研金服用”相统一，增强企业发展动力，推动魏桥集团转型，实现高质量发展。

做好量变的积累，推动质变的完成。量变和质变是唯物辩证法中的重要规律，量变的积累是质变的必要准备，质变的完成是量变的必然结果，二者相互依存，做好量变的积累才能推动质变的发生。魏桥集团认识到创新不是一蹴而就的，为追求真正的创新，没有急于求成，为科研团队提供充足的时间准备，为创新提供扎实的积累。

第三节 唯物史观

唯物史观是马克思主义对历史的认识和对人类历史发展规律的总结，是学习历史的根本方法。广大党员干部要学习唯物史观的观点，以唯物史观为方法指引历史学习，总结历史经验，把握历史规律，培养历史思维，强化历史担当，提升个人的思维能力和解决问题的能力。本节将从大连理工大学培养师生树立历史唯物主义眼光这一案例出发，阐释如何学习唯物史观和运用唯物史观开展党史学习。

案例　大连理工大学：学习历史唯物主义，谱写立德树人新篇章

（来源：《光明日报》2021年11月25日）

大连理工大学通过阅读著作、课堂建设、学习党史、开展实践活动引领师生树立历史唯物主义思维，增强运用历史唯物主义本领，从党史学习中总结规律、指导实践，在党史学习中坚定师生爱国情怀，引领学生人生价值的实现，谱写立德树人新篇章。

1. 阅读马列著作，学习历史唯物主义思想

学习历史唯物主义，广泛的阅读必不可少。大连理工大学一直秉持“学理论，讲真话，进头脑”的学习理念，把书籍阅读、理论学习摆在党史学习的首要位置，组织师生阅读《政治经济学批判》《共产党宣言》《马克思主义的三个来源和三个组成部分》等马列著作，通过互动研讨加深师生思考，在阅读中了解马克思等人对历史研究的进程，学习他们对历史唯物主义的论述，引导师生系统梳理历史唯物主义形成过程，学习历史唯物主义的观点和方法。

推进“四史”课堂建设，为学习历史唯物主义提供专业指导。大连理工大学利用马克思主义学院学科优势，深入推进“四史”课程建设，将“四史”课程建设作为全国重点马克思主义学院建设的重要环节，设立相关选修课，着力建设“点—线—面—体”有机融合的课程教学体系，力图梯次实现“史—论—观”三位一体育人目标，用专业人才、专业知识指导学生在党史学习中深入把握历史唯物主义。建设工程学部的吴某某同学选修了马克思主义学院开设的《中共党史》这门课，通过32学时的课程，吴某某同学在课程学习中感悟到中国共产党一百年的光辉历程和伟大成就，坚定了理想信念。

2. 学习党的历史，运用历史唯物主义理解历史逻辑

全面学习百年党史，把握历史发展的主流、主线。大连理工大学创新开展党史学习教育“一楼一品”活动，将21栋学生生活的楼层打造成为党史学习教育平台，师生围绕飞夺泸定桥、平津战役、开国大典等百年党史的重点事件、经典场景，以沙盘、油画、剪纸等形式创新性地呈现历史画面，在生动的学习中了解党的历史中的重大事件。积极探索“学党史”的方式方法，通过讲党课、举办主题党日活动、开办读书班和党史专题音乐会、开展“四史”学习大

会和微党课大赛等活动，围绕百年党史、习近平总书记“七一”重要讲话精神，聚焦青年学生，营造立体式党史学习教育氛围，不断激发青年学生学习党史的热情。在了解百年党史的整体进程中，引导师生认识党为中国人民谋幸福、为中华民族谋复兴的这一主线，领悟人民选择马克思主义、坚持中国共产党领导，坚持社会主义道路的历史必然性，进一步增强师生为实现中华民族伟大复兴的历史自觉和使命担当。

结合大工实际，挖掘大工历史，激励大工师生。大连理工大学在引导师生学习党的历史的同时，深挖学校历史中的榜样人物和红色故事，重新回顾了光学家王大珩教授、土木工程系创立者李士豪教授等大工历史中的先进模范和感人事迹，并以此为基础策划了“中国共产党事业中的大工奋进路——红色基因展”。挖掘本校历史，通过身边人、身边事增进大工师生的认同感和归属感，激励师生为大工发展砥砺奋斗。

坚持实事求是，开展调查研究，强化政治认同。大连理工大学开展“百名党员追寻百年足迹”活动，本次活动设计了10条实践路线，分10支团队组织师生奔赴全国各地开展实地寻访、社会调查、现场教学，在调查研究中深刻感受“中国共产党为什么能、马克思主义为什么行、中国特色社会主义为什么好”。

3. 重思想抓实践，运用历史唯物主义指导实践

社会存在决定社会意识，社会意识反作用于社会存在。大连理工大学深刻理解和把握社会存在与社会意识的辩证关系。重视思想政治建设，开展思想政治教育，引领师生爱党爱国情怀；重视社会实践，提升实际能力，增长学生实践本领。

加强思想教育，引领初心使命。大连理工大学构建了以学科、专业、课程、教师、教材五位一体的课程思政建设体系，深度挖掘我国重大工程建设成就和学校红色基因背后的思政元素，提炼了大量本校师生深度参与重大项目的亲身经历与励志故事，建成了内容丰富、特色鲜明的教学案例资源库，通过课程思政教育引导学生树立热爱祖国、自立自强的情怀。

开展实践培训，增长实际本领。大连理工大学深化实施大学生思想政治教育“1149”工作体系，推进“三全育人”综合改革试点建设。成立“三早”科技创新社团，致力于培养未来科学家，组建由两院院士、行业专家构成的创新创业导师团队，带领学生早进课题、早进实验室、早进研究团队，聚焦核电、C919大飞机、长征五号运载火箭等国家重大需求开

展科学攻关，引导学生立大国志气，铸大国重器，建大国工程；积极推进东北亚国际发展和合作研究中心、辽宁高质量发展研究院等新型智库建设，与大连市人民政府推进市校协同发展，切实为大连经济社会发展和辽宁全面振兴贡献力量。

人民群众是社会历史的创造者。大连理工大学把握历史发展的规律，鼓励学生将个人理想同人民需要相结合，用脚步丈量祖国大地，用青春服务乡村振兴，在实践中践行为民服务的宗旨，保障学生树立正确的人生方向。组建331支社会实践团队，深入基层开展155场宣讲活动，做党史故事的“宣传员”；用智能AI、无人机打造兴趣地理等科学类创新课程、党史课程，前往西藏、青海、贵州等地为1 315名西部孩子送去知识与爱心；依托课程、课题走访城市、企业、厂矿开展调研研究，形成246份调研报告，为地方发展建言献策，在实践中受教育、长才干、做贡献，在为民服务中，让青春之花绚丽绽放。

案例启示

1. 树立唯物史观，培养历史思维，提升解决问题的能力

从阅读马列著作中学习历史唯物主义。马克思一生十分重视研究历史问题，写下了很多对历史问题研究、评论的作品。通过阅读这些作品，回顾马克思对历史研究的思想历程，学习马克思对历史唯物主义的相关论述，是完整、系统学习历史唯物主义的重要方法。大连理工大学把马列著作阅读放在党史学习的首要位置，组织师生阅读相关著作，开展交流研讨，在阅读和交流中深化师生对历史唯物主义的认识，为师生开展党史学习树立正确的党史观。

在党史学习中深化对历史唯物主义的认识。我们党运用历史唯物主义，系统、具体、历史地分析中国社会运动及其发展规律，积极运用规律，推动党和人民事业取得了一个又一个胜利。大连理工大学创新活动形式，营造良好的党史学习氛围，加强党史学习；鼓励学生运用联系的、具体的眼光看待历史，全面掌握历史事实；运用调查研究方法深入实际，在对史实充分认知的基础上科学分析、总结经验，用事实反对

历史虚无主义，在把握党的历史发展的主线中深刻感受中国共产党为什么能、马克思主义为什么行、中国特色社会主义为什么好，坚定师生理想信念。

在实践中运用历史唯物主义方法论解决实际问题。在精确理解历史唯物主义观点上，要学会运用历史唯物主义方法论解决问题，增进运用历史唯物主义指导实践的本领。大连理工大学把握社会存在和社会意识的辩证关系，认识到人民群众在社会历史中的重要作用，开展思想政治教育，引导学生树立人民情怀；重视社会实践，增进学生本领，开展为民服务的实践活动，在思想上和实践中提升学生综合能力，把青春之花绽放在国家和人民需要的地方。

2. 运用唯物史观，开展党史学习，从党史中汲取智慧和力量

历史是最好的教科书，以史鉴今是我党的优良传统。马克思深刻认识到历史的重要性，重视研究历史问题，提出历史唯物主义观点和方法。新时代，党中央在全党开展党史学习教育，各级党组织按照学史明理、学史增信、学史崇德、学史力行的要求，精心组织实施、有力有序推进党史学习教育深入开展。历史唯物主义是指导全党开展党史学习的重要方法指导，

要把运用唯物史观贯彻党史学习教育的始终，提升党史学习的实效，从党史中汲取智慧，指导未来实践。

树立唯物史观，把握社会存在和社会意识的辩证关系。大连理工大学深刻理解和把握社会存在与社会意识的辩证关系。重视思想政治建设，开展思想政治教育，引领师生爱党爱国情怀；重视社会实践，提升实际能力，增长学生实践本领。

树立唯物史观，尊重人民群众的主体地位。百年来，我们党尊重人民主体地位，凝聚人民力量，创造了许多举世瞩目的伟大成就。新时代，坚持以人民为中心是发展中国特色社会主义的根本立场。坚持唯物史观看待百年党史，就要深刻认识到，为人民奋斗是共产党人的使命和归宿。大连理工大学在党史学习中认识到党为人民谋幸福、为民族谋复兴的初心使命，激励党员坚持以人民为中心，聚焦人民群众的需要，发挥党员的先锋模范作用，帮助群众解决问题，贯彻为人民服务的决心。

树立唯物史观，坚持实事求是的思想路线。通过贯彻实事求是的思想路线来正确认识党的历史，旗帜鲜明地反对历史虚无主义。大连理工大学组织学生扎实开展党史学习，全面掌握历史知识，开展调查研究，对历史事实进行理性思考与科学分析，实事求是总结历史经验、把握历史规律。

历史唯物主义作为马克思主义的重要组成部分，是关于人类社会发展一般规律的科学。在革命、建设、改革各个历史时期，我们党运用历史唯物主义，系统、具体、历史地分析中国社会运动及其发展规律，在认识世界和改造世界过程中不断把握规律、积极运用规律，推动党和人民事业取得了一个又一个胜利。历史和现实都表明，只有坚持历史唯物主义，我们才能不断把对中国特色社会主义规律的认识提高到新的水平，不断开辟当代中国马克思主义发展新境界。

小　结

本章从实事求是、唯物辩证法、唯物史观三方面讲述了如何运用马克思主义哲学方法论。无论是个人还是组织，马克思主义哲学方法论都有着重要的指导作用，增强用马克思主义哲学方法论认识世界、解决问题的本领，对于提升个人的能力素养、组织的工作水平、党的执政能力具有重要作用。

第一节选择中共湘区委员会运用实事求是方法领导党的革命运动这一案例，阐释了实事求是的重要意义和运用方法。第二节选择魏桥集团运用辩证法实现集团转型发展这一案例，阐释了如何运用唯物辩证法分析复杂问题，推动事物发展。第三节选择大连理工大学培育师生历史唯物主义眼光这一案例，阐释了如何学习和运用唯物史观。

坚持实事求是，要从直面问题、深入调研、总结规律、精准施策层层推进。实事求是首先要弄清楚“实事”是什么，了解实际情况，勇于直面当前问题。其次要注重“求”的过程，通过调查研究的方法总结客观规律，寻找“是”这个真理。最后要开展实际行动，针对具体问题，运用客观规律精准施策，把实事求是落到实处、产生实效，反对形式主义和官僚主义，让人民来检验实事求是的成果。

坚持唯物辩证法，要坚持联系观、发展观、矛盾观。世界是普遍联系的，要着眼于事物整体，优化事物内部结构，协同推进事物发展。世界是不断运动发展的，要把握阶段之间的区别、联系和转化，重视量变的积累，抓住时机完成质变；提升创新思维，为事物发展提供动力。矛盾是普遍存在的，要辩证看待矛盾双方的关系，具体问题具体分析，把握主要矛盾，兼顾次要矛盾，推动事物的运动和发展。

坚持唯物史观，反对历史虚无主义。学习历史唯物主义，要在阅读著作中把握历史唯物主义的观点和发展进程，在党史学习中深化对历史唯物主义的认识，在实践中增进运用历史唯物主义解决问题的本领。同时在全党开展党史学习教育的背景下，要学会运用唯物史观为党史学习提供方法指导，用辩证、全面、实践的眼光看待历史，从党史学习中深刻感受中国共产党为什么能、马克思主义为什么行、中国特色社会主义为什么好，坚定马克思主义信仰，坚定中国特色社会主义信念，坚定中华民族伟大复兴中国梦的信心。

第五章

悟道德

概　述

道德是社会中人们得以共同生活的准则和规范。国无德不兴，人无德不立。中华民族素来有崇德尚德、注重道德教化的优良传统，马克思、恩格斯等人在论述中也强调道德教育的重要意义，其关于人的解放和自由全面发展的观点亦是一种深切的道德关怀。新时代，中国发展进入新征程，道德建设同样是国家建设的重要一环，加强道德建设、开展道德教育、培养公民道德观念是人民幸福、社会和谐、国家发展的保障。

马克思认为道德是基于一定社会存在基础上的社会意识之一，从根本上是由社会经济关系决定的，随着社会生产关系的发展，道德会不断发展到新的阶段，要在实践中认识道德发展的客观规律，与时俱进地开展道德教育，加强道德建设。新的社会条件下，中国共产党面对新的形势，提出了“明大德、守公德、严私德”的道德建设要求，这是马克思主义道德观念在当代中国的具体体现。

所谓严私德，指的是要加强对自身行为的约束，做到严于律己、克己奉公。人民群众要坚持自律自省，把个人欲望约束在法律红线之内，始终干干净净做事，清清白白做人。领导干部作为“关键少数”，更要做好严私德的表率，加强私德修养，坚持廉洁奉公、秉公用权，保持自身清正廉洁，扮演好为人民服务的公仆形象。

所谓守公德，就在于“公”这一字，在于广大人民群众的根本利益。对于党员干部而言，要深刻认识到手中的权力是人民赋予的，时刻提醒自己恪守为民服务的公心、用好权力这个公器，努力做到先公后私、公而忘私、大公无私，真正做到用权为民、秉公办事。党员干部要守公德，社会公民也要遵守社会公德。2019年10月27日颁布的《新时代公民道德建设实施纲要》论及社会公德建设问题时明确指出：“推动践行以文明礼貌、助人为乐、爱护公物、保护环境、遵纪守法为主要内容的社会公德建设，鼓励人们在社会上做一个好公民。”加强社会公德建设，培养公民公德意识，构建社会主义和谐社会，推动社会向前发展。

所谓明大德，要求做到铸牢理想信念、锤炼党性修养，坚持对党忠诚，在大是大非面前旗帜鲜明，在各种诱惑面前立场坚定。理想信念是人们在一定的认识基础上，对某种思想和事业所抱的坚定不移的观念及身体力行的心理态度和精神状态，中国共产党的理想信念就是坚定马克思主义信仰，坚持为了共产主义理想奋斗终生。锤炼党性是打好思想基础，坚定党员理想信念的重要方式，通过党性锻炼，党员在自己的学习、工作和生活等各个方面去理解和实践马克思主义理论，坚定党员为实现共产主义努力奋斗的信念。党员干部必须加强党性修养，不断提高自身政治觉悟、不断淬炼自身政治能力，坚定理想信念，补足精神之“钙”、强化精神之“骨”。

第一节 严私德

“清心为治本，直道是身谋。”廉洁奉公是为人民办实事，当好领导干部要坚持的最基本的品质。严私德，一方面要加强自身廉政建设，严以修身、严于律己、严以用权；另一方面也要培育良好家风，以家风培养廉洁品质，坚持廉洁修身，廉洁齐家。本节将从自身建设和家风培育两个方面阐释如何严私德。

案例一 福建农林大学：开展廉洁文化教育，守严个人私德

（来源：福建农林大学官网2022年1月5日）

为加强学校师生廉洁教育，福建农林大学开展了以“致敬百年奋斗路，开启廉洁新征程”为主题的廉洁文化教育活动。通过廉洁文化教育普及廉洁知识，提高廉洁修养，守好个人私德。此次活动由福建农林大学校纪委、宣传部、学工部、校团委组织，发动各二级单位党委广泛宣传，号召全校师生积极参与，通过廉洁主题微视频征集、廉洁主题知识竞赛、廉洁主题研讨讲座、参观学校廉政文化教育基地等形式开展廉洁主题教育活动。

1. 征集“廉洁文化”主题视频，宣传廉洁文化

福建农林大学举办以廉洁为主题的微视频征集评选活动，宣传廉洁文化，培育师生廉洁素养。本次活动共征集53个视频作品，视频形式包括学生自导自演的廉洁廉政主题短剧、廉洁创意动画、改编以廉洁为主题的歌曲等。学校希望通过比赛的形式激发学生对廉洁文化的思考和学习，在视频拍摄中呈现新时代大学生对廉洁的理解，引导更多学生树立廉洁意识，在廉洁文化的沐浴下走好人生之路。

2. 开展知识竞赛，增强廉洁意识

开展廉政知识竞赛，增进师生学习廉政知识的动力，巩固师生廉政知识的学习成果。福建农林大学使用易班网上平台，发放知识竞赛试题和廉洁教育调查问卷，共吸引2 000多名学生参与竞赛答题。通过开展知识竞赛，以赛促学，以学促廉，激励师生学习廉政知识，树立廉政信念，提升个人自身修养，形成学廉、思廉、崇廉、守廉的良好氛围。

3. 聆听廉政讲座，增进反腐自信

学校积极组织学生参与由中国管理现代化研究会廉政分会、全国大学生廉洁社团网络主办的廉洁教育线上专题讲座。通过聆听廉政专题讲座和交互研讨，

师生们深入了解了当前的反腐败形势，明晰了当前开展反腐倡廉行动的重要意义，增强了建设廉洁中国的信心。

4. 参观廉政基地，筑牢拒腐防线

用好学校资源，开展体验式教育。学校结合主题党日活动，组织师生分批分次参观校廉政文化教育基地，在参观中集体学习习近平总书记关于廉洁修身、廉洁从教的论述，重温了福建勤廉洁人物典型和学校杰出榜样的先进事迹，观看廉洁警示教育片，体验廉政文化文创作品互动，重温入党誓词，通过形式多样的活动强化师生廉政意识，引导广大党员师生从廉洁楷模中学习廉洁品质，从腐败案例中感受党对腐败现象的零容忍，从廉政知识学习中树好心中的红线，从重温入党誓词中牢记为党为民的初心使命。

下一步，福建农林大学将结合党史学习教育，持续深入推进廉洁文化进校园系列活动，充分用好校廉政文化教育基地，多举措开展党员师生家风家规和廉政警示教育，引导广大师生传承崇尚廉洁的优良传统，提升加强自身廉洁自律的思想自觉和行动自觉，激发前行的动力，积极营造风清气正、崇廉尚洁、干事创业的校园良好氛围。

案例二　以小家清廉之风，筑大家海晏河清

（来源：《中国妇女报》2021年8月18日、2021年11月15日）

家风是一面镜子，是领导干部作风的重要表现，家风不仅关乎个人，也联系着党风。在党中央的号召下，各地开展培育清廉家风、建设廉洁家庭活动。浙江省丽水妇联和江西省萍乡市为建设良好家风提供做法示范。

1. 红色基因滋养清廉家风

浙江丽水市结合当地清廉文化，深耕清廉家风建设。“山也清，水也清，人在山阴道上行，春云处处生；官也清，吏也清，村民无事到公庭，农歌三两声。”这是400多年前，戏曲家汤显祖描绘的当时丽水自然生态与政治生态的诗句。丽水市从当地历史文化、民族特色、“浙西南革命”精神中挖掘红色基因，组建巾帼宣传团，成立“畲娘”畲歌队，改编《颂党恩》《党的故事》，自编《劝世歌》《红线歌》《唱微权》等畲族山歌，运用乡音俗语、畲歌快板等群众喜闻乐见的方式把“永远跟党走”、建设清廉之风唱到畲族群众心中，在群众中厚植红色基因，用红色基因滋养家风建设。

江西萍乡利用当地红色资源，为廉政家风建设注入红色基因。萍乡市充分挖掘和整理安源工运时期开展的反腐倡廉工作中蕴含的红色文化资源，创办安源工运时期廉政建设陈列馆，为当地廉政教育提供了教育资源。以萍乡本地先进人物和历史事件为原型创作采茶剧《并蒂莲花》、皮影戏《克己奉公的刘型》、情景剧《忠廉颂》、专题片《忠廉凯丰》等廉政文化作品，为广大家庭学习效仿提供了生动教材。举办“传承红色基因，弘扬清廉家风”活动，开办廉洁家风讲堂、“红色家书”诵读大赛、家庭党史故事大赛、征集廉洁家书和家规家训，弘扬从当地文化中提炼的廉洁元素和家风建设故事，推动红色基因传承进家庭、入家教、成家风。

2. 先进榜样引领家庭新风

丽水市妇联在全市征集最美家庭，以先进榜样引领当地家风建设。自2019年以来，全市共评选出全国和省级文明家庭、五好家庭、最美家庭27户。组织邀请全国文明家庭任一文家庭、全国五好家庭吴菊香家庭和陈旭东家庭、全国最美家庭苏珍兰家庭和李时科家庭，宣讲分享家庭文明新风的动人故事，弘扬家庭美德，用榜样带动家风建设。

萍乡市各级纪检监察机关和妇联组织联合开展“廉洁家庭”评选表彰活动，树立了一批廉洁从政、廉洁用权、廉洁修身、廉洁齐家的优秀领导干部家庭典型，并着力推进“寻找最美家庭”活动走进机关，面向各级机关事业单位选树一批“最美机关家庭”“最美贤内助”。为扩大示范效应，市妇联利用家风家教实践基地、妇女之家等阵地，组织开展家庭故事展播、家风故事分享会等展示宣传活动，并举办“家和万事兴”家教家风主题展，用300多张图片、40多个家风故事，集中展示优秀家庭典型的动人风采，吸引7万余人次观展。

3. 主题活动建设清廉家庭

丽水市从领导干部家属着力，引领建设清廉家庭。通过组织干部家属代表参观法纪教育基地、观看警示教育片、开展专题警示教育课堂、发放好家风好家训好家规汇编书籍等，提高家属拒腐防变能力与意识，引导党员领导干部家属传承好家风，做到事业上支持、感情上温暖、生活上理解、廉洁上把好“廉政观”。

萍乡市各级纪检监察机关与妇联组织定期开展领导干部家属廉政教育活动，将法纪教育与警示教育相结合、课堂教育与情景教育相结合，通过讲解党纪法规、旁听法院庭审、赠送廉政读物、书写“劝廉家书”、观看《远离家庭腐败》等警示教育片、参观廉政教育基地、发送《家庭助廉倡议书》等方式，促进干部家属感受法纪的威严和违纪违法的惨痛教训，提升守廉助廉意识，增强筑牢家庭反腐防线。

4. 暖心机制筑牢腐败防线

将家庭、家风作为考察干部的依据。萍乡市将全面了解干部家庭、家风情况作为考察了解干部的重要途径和方法，从工作机制上督促领导干部更加重视家风建设。近距离多渠道深层次了解干部德才表现，建立了以“走进班子、看班子运行情况，走近干部、看干部德才表现，走访家属、看干部家风家教”为主要内容的“三走三看”谈心调研机制。同时，探索建立家访制度，与干部家属面对面谈心交流，常态化了解干部家庭生活状况，及时帮助他们解决困难和问题，提醒家属常吹廉洁“枕边风”、当好家庭廉洁“监督员”，引导干部从严管好家属，严防“后院失火”。

案例启示

1. 廉洁修身，加强自身建设，约束自身行为

马克思在《评普鲁士最近的书报检查令》一文中提出“道德的基础是人类精神的自律”。严私德，首先要加强自身建设，规范自身行为。廉洁是广大党员干部必须要培养和坚持的道德品质，是党坚持以人民为中心的重要保障，必须坚持严以修身、严于律己、严以用权。

开展警示教育，知敬畏、存戒惧、守底线。十八大以来，党坚持从严治党，面对现实的各种诱惑，党员干部如果不能严于律己、保持定力，必然会受到严厉的惩罚。福建农林大学、浙江丽水、江西萍乡都将警示教育作为加强廉政建设的一个方面。通过观看警示教育片，了解腐败典型案例，认识党对腐败问题的严厉打击，知敬畏、存戒惧，在党员心中树好不敢腐的红线。

宣传廉洁文化，守初心、担使命、倡廉洁。勤俭廉政是中华民族传统美德之一，弘扬廉洁文化，在党员思想深处筑牢廉政之基。福建农林大学通过组织师生聆听廉洁文化讲座、参观廉政文化教育基地、学习

习近平总书记关于廉政建设的重要论述、学习先进人物榜样等方式深化师生对廉洁文化的了解。通过廉洁文化的教育，在思想上培养师生廉洁观念，在心中筑牢廉政之基。

丰富活动形式，增趣味、重创新、求实效。形式多样的活动形式能够激发党员的学习兴趣，增强廉洁文化的宣传实效。福建农林大学通过微视频征集、知识竞赛、主题讲座，参观校廉政文化教育基地等活动，增长师生廉洁知识储备、提升师生对廉洁工作的认识，增进师生廉洁文化培养，坚定师生廉洁修身的信念。

2. 廉洁齐家，加强家风建设，弘扬家庭美德

家风清廉惠久远，家风建设是严私德的重要方式。良好的家风在潜移默化和耳濡目染中培育家人勤俭廉政、清正廉洁的品质。回顾十八大以来的落马官员，大量家族式腐败案例表明，全面从严治党，加强家风建设是关键一环。

挖掘红色基因，滋养家风建设。在历史的长河中，我国有着丰富的家风文化，培育了许多清正廉洁的优秀人才。革命先辈中许多人不仅是优秀家风的继承者，更是党的优良作风的开拓者。在全党开展党史

学习教育的背景下，挖掘当地家风文化，弘扬榜样精神，有利于培育良好家风。丽水市从当地“浙西南革命”精神中挖掘家风精神，萍乡市挖掘当地安源红色资源，利用资源的接近性和熟悉感激发当地居民将红色精神融入家风建设，树立良好家风，培育清廉品质。

评选先进榜样，引领家风建设。一个榜样就是一面旗帜，在家风建设中树立榜样可以激励大家向榜样学习，为家风建设提供具体的行动指南。丽水市、萍乡市通过开展评选活动，树立家庭典型，宣传家庭故事，开展模范家庭家风主题展，用榜样带动当地家风建设。

制定暖心制度，兜底家风建设。制度是家风建设的良好保障，家风建设要出实效，就要用制度进行兜底。江西省萍乡市将领导干部家风建设考评纳入考评机制，从工作机制上督促领导干部更加重视家庭、家风建设，为家风建设提供制度保障。

第二节 守公德

守公德，在于“公”字，在于不谋私利，为广大人民群众的根本利益服务。守公德要坚持立党为公、执政为民，做到权为民所用、情为民所系、利为民所谋。领导干部守公德，社会公民也要守公德，要推动以文明礼貌、助人为乐、爱护公物、保护环境、遵纪守法为主要内容的社会公德建设。本节将通过内蒙古自治区内的乌海市培育公民遵守社会公德这一案例，阐述党员干部、社会公民如何守公德。

案例 乌海市：打造道德高地，开展市民公德建设，提升城市最硬“软实力”

（来源：《乌海日报》2019年6月19日）

内蒙古自治区内的乌海市作为一座沙漠中、湖水旁的美丽城市，依山傍水，旅游资源丰富，风土人情浓郁，先后被评为“全国绿化模范城市”“全国绿色交通城市”。近年来，乌海市不仅注重生态文明建设，更积极加强市民道德文明建设，提升市民道德文明修养，通过榜样力量、制度建设、公益广告宣传等方面加强公民道德建设，引领道德风尚，打造道德高地，致力打造一座风景美、道德更美的文明城市。

1. 发挥榜样力量，用道德之光温暖人心

乌海市用道德榜样的力量引领社会道德风尚，开展“德耀长河·善行乌海”主题系列活动、“感动乌海人物”评选、“身边好人”评选等活动，在基层和工作一线挖掘了一批道德模范。截至2021年6月底，乌海市共推出各类先进典型300多个，其中韩淑敏、刘占华被评为全国道德模范提名奖，郑璐成为乌海市第一位“全国最美退役军人”，安永刚被评为“全国特级优秀人民警察”，贺惠娟被评为“全国岗位学雷锋标兵”。

加大对先进典型的宣传力度，扩大榜样影响力。通过善行义举榜、基层巡讲报告会、道德讲堂等形式，线上线下、传统媒体和新媒体相结合宣传“典型人物”。发挥道德模范的榜样力量，激励人们见贤思齐、择善而从，推动社会形成讲道德、讲文明、知荣辱的良好风尚。

2. 加强制度建设，用制度筑牢道德根基

乌海市把“创城常态化”作为文明养成的主要措施，坚持用制度解决问题，让制度内化于心、外化于行，让人人都自觉成为文明的践行者。乌海市先后出台《乌海市城市市容和环境卫生违法行为处罚规定》《乌海市市民文明公约》《志愿服务条例》等条例，共同构成了乌海市道德建设的制度保障，督促市民文明习惯的养成。同时，严格执行规定，市城市管理综合执法局滨河分局开展夜间店外经营专项整治行动，对于违反规定的行为予以相应惩罚，让各项规定真正深入人心，做好道德建设的护航者。

在诚信建设方面，乌海市建立完善的守信联合激励和失信联合惩戒制度，完善红黑榜发布制度，定期发布行业诚信“黑名单”和“红名单”，针对群众反映强烈的电信诈骗、互联网金融诈骗等19项诚信缺失突出问题开展集中治理，明确责任单位，列出任务清单，定期督促检查。为全市形成守信重信的良好风尚提供保障。

3. 加大宣传力度，公益广告遍地开花

乌海市将中华传统文化元素、社会主义核心价值观、中国梦等主题融入公益广告中，运用人民群众喜闻乐见的艺术形式呈现给市民，通过公益广告传递社会文明正能量。文明宣传栏、文化墙、公益宣传画等公益广告装点着乌海城乡各处，营造了浓厚的文明创建氛围，广告标语潜移默化地影响着乌海人的思想，

培育乌海人的道德观念，推动乌海市道德建设。

城市的和谐与文明离不开广大市民的自觉参与和维护，乌海市开展多样精神文明创建活动，加强市民公德建设，传递了正能量，树立了新风尚，把乌海市打造成一座文明和谐的美丽城市。

案例启示

1. 守公德，坚持厚植人民情怀，做好为民工作

人民就是江山，江山就是人民，党员干部要深刻认识到手中的权力是人民赋予的，对人民负责，努力担当使命和责任，不辜负党和人民的信任和期望。

开展理论学习，树好权力观念。守公德，首先要树立正确的权力观念。从理论学习中理解权力来自人民的逻辑和内涵，自觉守护好最广大人民群众的根本利益，把公权置于私利之上。从党史学习中深切体会人民是党和国家发展的重要力量，中国共产党从建党之日起就认识到广大人民群众是党的力量的重要源泉，坚持团结和调动广大人民群众的力量，百年党的历史告诉我们，共产党只有坚持以人民为中心，才能

夯实共产党的执政基础，才能永葆生机和活力。

2. 守公德，树立公德观念，落实公德实践

遵守社会公德，树立文明新风。一个社会的文明有序，既要依靠个人遵守私德，也要依靠公民心存公德。社会公德是人民进行社会交往和公共生活要遵循的基本准则，社会成员要树立公共意识、承担起社会公共责任、自觉遵守社会公德，才能推进社会和谐、稳定发展。让社会公民遵守社会公德要从提升公民公德意识、落实公德实践两方面入手。乌海市打造道德高地，提升城市软实力，通过榜样力量、制度建设、公益广告宣传、主题活动等多方面加强市民道德建设，促进城市文明建设，为创建优良秩序、打造道德高地提供了条件支撑。

提升公德意识，树立公德观念。让市民遵守社会公德的第一步，是要将社会公德意识植根于每个社会公民的意识中。乌海市通过榜样精神引领市民树立社会公德，从身边人、身边事中树立先进榜样，用身边人、身边事激励公民见贤思齐，用榜样的力量将社会公德意识带给市民。运用公益广告，将优秀中华文化、社会主义核心价值观等要素融入广告中，扩大宣传力度，让公益广告载着文明之风吹遍乌海市每个角

落，唤醒市民道德意识，增进市民公德观念。

增强制度力量，落实公德实践。让市民遵守社会公德，制度的力量不可缺少。完善的制度，可以使社会公德变得有章可循。树立公德意识，健全相关制度，二者相互补充，相互统一，共同发力，才能形成“全面”的合力，推动社会公德建设。乌海市在培育市民公德意识的基础上加强制度建设，出台《乌海市城市市容和环境卫生违法行为处罚规定》《乌海市市民文明公约》《志愿服务条例》等规定，完善守信联合激励和失信联合惩戒制度，健全信用信息交互共享平台，建立守信联合激励和失信联合惩戒的联动机制，用制度的力量为道德养成提供保障。

第三节　明大德

坚定理想信念，锤炼党性修养。理想信念是共产党人的精神追求，是共产党人精神的“钙”。党性修养是共产党人补足精神之“钙”的必备修养。明大德就是筑牢理想信念，锤炼党性，修好对党忠诚、为共产主义奋斗的大德。本节将通过湖南省邵阳市北塔区田江街道开展党性教育这一案例阐释如何明大德。

案例 北塔区田江街道："党性教育+实践服务"让党员教育开花结果

（来源：湖南日报·新湖南客户端2021年8月6日）

湖南省邵阳市北塔区田江街道多年来坚持探索党建工作新思路，打造特色党建品牌，在党的建设中开展党员教育，锤炼党性修养，发挥党员先锋模范作用，坚定党员理想信念。2021年以来，该街道探索出"党性教育+实践服务"的教育方式，在加强村（社区）党员教育培训的基础上，不断丰富拓展实践服务内涵，推动党性教育在基层落地生根。

1. 抓严抓实，夯实党员党性修养

党性教育必须遵循事物发展的规律，抓在经常、严在日常，协同合作，全方位锤炼党员党性，坚定党员理想信念。北塔区田江街道从机制、制度、方法等合力出击，遵循新形势下党员教育的内在规律，真正让党性教育活起来、严起来、实起来。

理论学习和红色资源结合，保证党员教育内容不遗漏。发挥党支部的战斗堡垒作用，各支部坚持每月定期召开党建例会，总结工作学习完成情况，同时下发下个月的工作提示，将每月重点学习内容编制成册，印发给各党支部进行集中学习；建立教育提醒制度，支部会对没有完成学习任务的党员及时提醒，督促党员完成理论学习的任务。挖掘当地红色资源，开展党员教育。在理论学习的同时，街道也创办了苗儿、匡家两个新时代讲习所，打造出全市党员示范性教育基地，修缮革命英雄邓益烈士墓作为爱国主义教育基地，为党性教育提供了丰富的教育资源。

线上线下教育结合，确保支部党员全覆盖。街道积极利用微信、邮寄等方式，保障在外务工或年老体弱不能参加集中学习的党员参与党员教育，为年老体弱党员“送学上门”，为在外务工党员“送学到手”。2020年以来，街道各党支部开展“送学上门”“送学到手”300余人次，有效实现党员学习教育全覆盖。

正反教育结合，提升党性教育实效。发扬榜样力量，学习先进模范，将先进模范人物事迹纳入支部学习的党课材料，宣传党的历史中的优秀人物、当地优秀党员事迹，充分发挥先进典型示范引领作用，激励和引导党员干部见贤思齐、“不忘初心、牢记使命”、坚定信念。总结反面案例教训，扎实开展党员警示教育。街道联合辖区市公安局等单位开展廉政教育，培养党员廉洁意识，坚决杜绝腐败行为。通过举办“廉洁田江，你我同行”为主题的廉政文化作品展、党风廉政知识抢答赛等活动，发挥街道纪工委的监察作用，把处分决定宣布现场变为警示教育课堂，变“纸上的教训”为“身边的镜子”。

2. 推进实践服务，让党员教育“结好果”

党员教育，最终要落到实处。北塔区田江街道紧盯群众的“急难愁盼”的问题，发挥党员先锋模范作用，开展实践服务，促进党员教育与为民服务相融合。

一支部一品牌，标杆特色“亮”出来。近年来，田江街道党工委积极探索“一个支部一个品牌，一个党员一面旗帜”的党建工作新思路，着力打造处处有亮点、层层有典型、村村有特色的生动局面。街道各党支部结合自身实际和优势，积极创建各具特色的党建服务品牌，形成了活力迸发、百花齐放的生动局面。田江街道丰江社区党支部以“丰江管家”为依托，打造了“5分钟便民服务圈”，支部引领、党员带头、群众参与，目前共有152人注册为志愿者，平均每月开展1~2次志愿服务活动。田江村党支部推行“组民自治”，打造了“老禹、老何、老邓品牌调解室”，协助村委会积极调解土地纠纷、经济纠纷、邻里纠纷等矛盾。

推进党员志愿服务，党员教育“实”起来。在文明城市创建中，田江街道积极开展“我是党员我带头，文明创建我先行”活动，组织党员志愿者对辖区环境卫生开展大清扫，完成乱堆乱放整治50余处，清除垃圾30余吨。在推进“三治”融合中，发挥红白理事会和党员组长的带头作用，大力倡导勤俭节约、绿色生活，与党员干部签订移风易俗承诺书400余份，婚事新办、丧事简办正成为新的风尚。

案例启示

1. 坚定理想信念，补足精神之“钙”

心中有信仰，脚下有力量。理想信念是共产党人安身立命的根本，是共产党人精神上的“钙”，缺少理想信念，就会得“软骨病”。坚定的理想信念，支撑了中国共产党人坚持以人民为中心，鼓舞中国人民为共产主义事业的实现不懈奋斗。新时代，新征程，我们要坚定理想信念，坚定共产主义伟大理想，坚定马克思主义信仰，坚定中国特色社会主义信念，为新征程提供精神动力。

在理论学习中坚定理想信念，理论学习是坚定理想信念的定心丸。只有深刻认识马克思主义、中国特色社会主义思想的真理性，才能真正信服，才能真正从心底坚定理想信念。没有理论上的清醒，就没有政治上的坚定，坚定理想信念，要用科学的理论武装头脑，指导实践。

在党史学习中坚定理想信念，历史是补足精神之“钙”的营养剂。学习党史中的先进榜样，感受先辈们“头可断、血可流，革命意志不能丢”的坚定信仰，感受他们为共产主义事业奋斗的价值追求，学习先辈精神，坚定理想信念；学习党史中的历史经验，在党史学习中深刻领悟中国共产党为什么能、马克思主义为什么行、中国特色社会主义为什么好，坚持对党忠诚，为党奋斗。

2. 锤炼党性修养，强化政治担当

党性修养是共产党人补足精神之“钙”的必备修养。党性修养问题，是党的建设的一个根本问题，不仅关系到党的先锋队性质和历史使命的实现，而且也是共产党员永恒的主题。党性修养又叫党性锻炼，是指党员和党的干部在自己的学习、工作和生活各个方面去体现和实践党的性质，不断提高和完善自己，以自身的业绩，为实现党的理想、党的使命而努力奋斗的过程。

在严格的党内生活中锤炼党性修养，党员教育必须抓在经常、严在日常、持续推进、久久为功。为了抓好党员教育，北塔区田江街道从机制、制度、方式方法等合力出击，遵循新形势下党员教育的内在规律，真正让党员教育活起来、严起来、实起来。

从为民服务的实践中锤炼党性修养，党性修养要内化于心，外化于行。党员教育，最终要落到实处。北塔区田江街道紧盯群众的“急难愁盼”的问题，发挥党员先锋模范作用，开展实践服务，促进了党员教育与为民服务相融合。

小 结

本章从严私德、守公德、明大德三方面讲述了个人、社会、党等主体如何加强道德建设。我们党在选人用人上历来坚持德才兼备、以德为先，就是因为德是首要、是方向，一个人只有明大德、守公德、严私德，方能用得其所。人无德不立，官无德不为。马克思、恩格斯的道德思想为构建社会主义和谐社会提供了理论基础，为解决当代社会公民道德教育问题提供了实践智慧。

本章第一节选择福建农林大学开展廉政活动建设和丽水市、萍乡市培育家风的两个案例，从家风建设和廉政建设阐释了严私德。第二节选择乌海市加强市民社会公德建设这一案例，从党员干部和人民群众两个主体阐释了守公德。第三节选择湖南省邵阳市北塔区田江街道开展党员教育锤炼党性修养这一案例，阐释了在坚定理想信念、锤炼党性修养中明大德。

严私德，一方面要加强自身建设，严以修身、严于律己、严以用权；另一方面营造良好家风，培育廉洁环境，坚持廉洁修身，廉洁齐家。福建农林大学通过廉洁主题微视频征集、廉洁主题知识竞赛、廉洁主题研讨讲座、参观校廉政文化教育基地等活动，创新活动形式，宣传廉洁文化，坚定师生廉洁修身的信念。浙江省丽水妇联和江西省萍乡市通过红色基因滋养清廉家风，评选先进榜样引领家庭新风，开展主题活动建设清廉家庭，建立暖心机制筑牢腐败防线，在潜移默化和耳濡目染中培育党员干部及其家人勤俭廉政、清正廉洁的品质。

守公德，一方面党员干部要坚持权为民所用，树立人民情怀；另一方面社会公民要树立公德观念，落实公德实践。乌海市通过榜样力量、制度建设、公益广告宣传等形式加强公民道德建设，提升公民公德意识、落实公德实践，引领市民树立社会公德。

明大德，一方面要筑牢理想信念，另一方面要锤炼党性修养，修好对党忠诚、为共产主义奋斗的大德。理论学习是坚定理想信念的定心丸，历史是补足精神之“钙”的营养剂。党性修养是共产党人补足精神之“钙”的必备修养，北塔区田江街道创新党建机制，开展党性实践，将党员教育抓在经常、严在日常、持续推进，在为民服务的实践中锤炼党员党性修养，教育党员追求大德。

第六章

悟规矩

概 述

“不以规矩，不能成方圆”，规矩指的是一定的标准法度，做人要有一定的行为准则约束，治理一个国家和政党也要有规矩规范成员的言行举止，党和国家有规矩，社会成员要守规矩，才能保证党和国家的政令畅通，社会平稳运行。

讲规矩是马克思主义政党的突出优势，马克思、恩格斯、列宁等人在经典著作中阐明了马克思主义政党遵守规矩的重要性。马克思认为，“必须绝对保持党的纪律，否则将一事无成”。恩格斯进而提出，“这种纪律是一个有成效的和坚强的组织的首要条件，是资产阶级最害怕的”。列宁提出严明纪律是布尔什维克政党成功的必要条件。毛泽东认为，“加强纪律性，革命无不胜”。习近平总书记提出，“治理一个国家、一个社会，关键是要立规矩、讲规矩、守规矩”。严明的纪律和规矩是马克思主义政党的基本特性和内在品质，是党走向胜利的根本保证，党要保持自身的先进性，必须把守纪律讲规矩摆在重要位置。

讲规矩，要讲哪些规矩？马克思在《法兰西内战》《哥达纲领批判》等经典文本中阐述了“不拿原则做交易”“做人民公仆”“建构和尊重权威”“以革命为中心的联合”等规矩。中国共产党作为马克思主义政党，经过百年的探索和实践，形成了一套详细丰富的规矩。党在百年历史中形成了党章这个总规矩，作为党的根本大法，是全党必须遵循的根本行为规范；形成了党的纪律、国家法律的刚性约束，遵守党的纪律和国家的法律法规，是党员必须履行的义务；形成了许多优良传统和工作惯例，是党员要传承和坚守的态度和品格。这些规矩都是党在历史和实践中总结的成果，是对马克思等人无产阶级政党思想的深化，是党抵御风险的重要武器，是每个共产党人需要坚持和遵循的规矩。

党章是党的总章程，集中体现了党的性质宗旨、理论路线、方针政策、重要主张，规定了党的重要制度和体制机制，是党的根本大法，是全体党员言行的总规矩和总遵循。全体党员都应该把党章学习作为必修课，遵守党章的各项规定，依照党章找差距、严要求，在党章学习中掸去思想上的灰尘，永葆政治本色。

党章第四十条规定，党的纪律主要包括政治纪律、组织纪律、廉洁纪律、群众纪律、工作纪律、生活纪律。其中，政治纪律是根本，遵守政治纪律是遵守党的全部纪律的重要基础。严明党的纪律，要把政治纪律和政治规矩摆在首要位置，通过严肃政治纪律和政治规矩带动其他纪律严起来。加强政治纪律建设，也不意味着放松对其他纪律的要求。要把党的六项纪律相互联系、相互统一，共同形成党的纪律规范，为党的发展提供纪律保障。

党的优良传统和工作惯例是党在奋斗过程中形成的，经过实践检验行之有效的规矩。党的优良传统和工作惯例虽然有些没有明确的书面规定，但仍是共产党人要遵循和发扬的。习近平总书记强调："对我们这么一个大党来讲，不仅要靠党章和纪律，还得靠党的优良传统和工作惯例。这些规矩看着没有白纸黑字的规定，但都是一种传统、一种范式、一种要求。"全体党员要坚持党的优良传统，做党的光荣传统和优良作风的忠实传人。

讲规矩、严纪律是党的光荣传统和独特优势，党员要遵守党的章程，严守党的纪律和国家法律，发扬党的优良传统和工作惯例，讲规矩、守初心、担使命，做好新时代新征程党和国家事业发展的重要保障。

第一节 遵守党的章程

党章是党的根本大法，是全党必须遵守的总规矩。党的纪律和规矩都是对党章的延伸和具体化，学好了党章才能更好理解党的纪律和规矩，才能明白自己能做什么，不能做什么，该做什么，不该做什么。守规矩，必须学习党章、遵守党章、贯彻党章、维护党章，真正使党章内化于心、外化于行。一方面要扎实学习党章，牢固树立党章意识；另一方面要对照党章找差距，通过自我革命保持纯洁性和先进性。本节将通过广西各级党组织对照党章找差距和珠海市宣传文化系统、上海交通银行金融市场部第四党支部等单位通过丰富的活动形式学习党章的案例，阐述如何遵守党的章程。

案例一 广西：以党章党规为“镜”，找准差距抓落实

（来源：《广西日报》2019年8月13日）

2019年6月以来，“不忘初心、牢记使命”主题教育在全党轰轰烈烈开展，通过主题教育增进党员的政治理论素养，用理论武装党员头脑，指导党员实践，在实践中坚定党员守初心、担使命的思想自觉和行动自觉，为新时代党和国家的建设奠定坚实的人才基础。广西各级党组织积极贯彻党的要求，围绕“守初心、担使命，找差距、抓落实”的总要求，对照党章党规，查找问题，整改落实，推进主题教育深入开展。

1. 开展专题学习会，开展党章学习

广西壮族自治区党委开展党章学习专题研讨会，会上阐明了党章学习的意义、主要内容、历史沿革。会议要求党员要将党章学习同习近平新时代中国特色社会主义思想相结合，要认认真真、全面系统、原原本本学习党章，深刻理解党章内涵，严格遵守党章要

求，以党章修身、以党章律己，把党章的基本观点、基本规定、基本要求内化于心，外化于行。作为广西经济发展的重要支撑，广西国有企业组织党员逐段逐句学习党章，深刻检视自身存在的问题，在学习党章中“补钙”“充电”，坚定理想信念。

2. 开展革命教育，学习红色精神

抓好“关键少数”，开展革命传统教育。广西壮族自治区党委在党员干部中深入开展革命传统教育。广西壮族自治区党委领导与自治区党委常委，来到湘江战役发生地全州县、兴安县接受革命传统现场教育，感受先辈们为了革命胜利而百折不挠的奋斗精神和不计得失的奉献精神，从革命战争年代的大无畏英雄气概中汲取新时代奋勇前行的力量。

3. 开展警示教育，对照反思守牢忠诚底线

主题教育期间，广西各单位开展警示教育，助力党员守牢忠诚底线。各单位通过组织党员干部观看警示教育片，到警示教育基地开展警示教育，学习典型案例，时刻警示党员严守思想道德底线和党纪法规红线，用党的规矩和纪律严格要求党员。广西各级纪委监委也充分发挥监督作用，严抓违规行为，通报违规案例，持续释放执纪必严的信号，起到了强有力的警

示震慑作用。

4. 开展榜样学习，传承红色基因

在脱贫攻坚中，百色市乐业县新化镇百坭村第一书记黄文秀在突发山洪中不幸遇难，为脱贫事业献出了自己宝贵的生命。黄文秀扎根基层的事迹得到各大媒体持续关注和宣传报道，在社会各界引发强烈反响。先进就在身边，榜样引领前行。广西各级党组织把“时代楷模”黄文秀同志的先进事迹作为榜样学习的重要内容，通过学榜样树立重实干、重实绩的鲜明选人用人导向，选拔重用一批“猛将”“闯将”“干将”，最大限度激发党员干部为民办事的激情和热情。

5. 开展找差距会议，对照党章找问题

通过专题学习、警示教育、革命教育、榜样教育等系列教育，在党员心中构建好优秀党员的形象，树立好模范标杆，对照标杆找差距、找问题。党章是党的最高行为规范，是党员的言行准则，是党员加强党性修养的根本标准。以正视问题的自觉和刀刃向内的勇气，对照党章进行持续深入地自我检查是保持党员先进性和纯洁性的重要方式。广西壮族自治区党委召开对照党章党规找差距专题会议，提高政治站位和思想认识，在“学党章”“严要求”“建标准”“深推进”

"抓整改"上下功夫，要求党员全面对照党章党规找差距、找问题，为整改落实找好着力点、突破口。广西壮族自治区党委带头开展理论学习、调查研究、检视问题、整改落实，发挥"头雁效应"，为各单位提供了示范。广西各级党组织自觉对照党章党规所要求的合格党员反复比较，进行自我反思，听取党员、群众的意见，找准差距和问题，抓紧整改落实。

深入基层，开展专项调研。为了更好地找准问题，广西壮族自治区党委政法委领导班子深入基层一线，到情况复杂、问题突出的地方进行调研，先后开展了关于矛盾化解、扫黑除恶、禁毒严打、边境管控等10多个专题调研，形成了《全区安全稳定工作调研报告》《推动政法单位做好涉法涉诉信访工作研究》等调研成果。立足工作实际，开展整改落实，广西壮族自治区党委办公厅深入14个单位进行大督查，查找工作落实中存在的问题和不足，督促各级各部门主动查找问题、担当作为、为民服务。

6. 强监督建制度，纠正问题抓好落实

对照党章党规找差距，弄清楚了问题是什么、症结在哪里，最终还是为了改进问题，进而提升自己。广西各单位牢记对党和人民的责任，对照问题列出专

项整治任务、重点整治项目，制定整改措施，抓好整改落实，推动主题教育向实处走。纪委监委要求强化监督检查，推动整改措施落实。广西壮族自治区退役军人事务厅依据退役军人和其他优抚对象反映出的重点问题，出台解决措施，抓好制度执行，落实制度保障，提升工作方法和工作思路，便捷退役军人生活，让广大退役军人有更多获得感、幸福感。用监督和制度保障问题的整改，抓好整改落实。

广西认真按照习近平总书记关于“四个对照”和“四个找一找”的要求，推动党章学习、调查研究、检视问题、整改落实有序完成，提升党员规矩意识，坚定党员理想信念。

案例二　学习党章党规，形式丰富增实效

（来源：《珠海特区报》2019年12月14日；交通银行学习强国号2021年5月26日）

1. 举办知识竞赛，丰富规矩素养

珠海市宣传文化系统为了引导党员职工学习党章、了解党章，联合珠海传媒集团举办了党章党规党纪暨“学习强国”知识竞赛。围绕习近平新时代中国特色社会主义思想，从党章、党规、“学习强国”学习平台习近平总书记每日金句和宣传思想文化工作中选取600个知识点。题型包括单选题、多选题、判断题、案例分析题、简答题。比赛环节分为连环必答题、精确书写题、60秒钟速答题、抢答题、风险选分题，为了活跃竞赛氛围，活动现场还设置了观众互动题，邀请在场观众共同展开知识学习，以赛促学，增进参赛者对党章知识的了解和记忆。

2. 利用影视资源，不忘初心学党章

由中央组织部党员教育中心、浙江省委组织部、浙江传媒学院联合制作的《不忘初心学党章》以十九大新修订的党章为主要内容，从党章的足迹、与时俱进的指导思想、性质宗旨和使命、增强“四个意识”、做到“两个维护”、走好新征程、打铁还需自身硬、不忘初心继续前行8个专题出发，通过多角度讲解剖析，为广大党员学习党章提供了良好素材。

3. 利用红色资源，学习党章发展历程

上海交通银行金融市场部第四党支部与上海清算所产品开发党支部联合开展了联学联建活动，寻访上海百年红色足迹，参观“红色足迹——共产党党章历程展”上海清算所站展览。展览运用历史图片、史料介绍、原文摘录等方式，集中介绍了党章的发展历程和基本内容。参观过程中，大家跟随讲解员重温了党章的诞生和发展的历史，了解了党章的历史变迁，回顾了党的一大制定党纲、二大制定首部党章、七大中国共产党首次独立自主制定党章、八大制定党执政后的第一部党章、十二大奠定新时期党章的基础、十九大根据新形势新任务对党章做出重大修改。党章是每个历史阶段中党的思想和政治路线的重要体现，也是革命历史的重要见证，回顾党章的发展历史，对于学习党史、了解党的思想和政治路线、坚定党员的理想信念具有重要意义。参观完成后，成员们开展学习党章的心得体会交流会，在学习研讨中重温先辈的初心使命，坚定党员为人民服务、践行使命担当的初心和理想信念。

案例启示

1. 学习党章守规矩，内化于心、外化于行

深学笃行学党章，扎实开展理论学习。学习党章是全党同志应尽的义务，党章作为理论学习的一种，是没有捷径可以走的。想要掌握好党章的基本内容，就要原原本本读原文，学在日常、学在经常，扎扎实

实地阅读、思考党章的内容和内涵，将党章内容内化于心。遵守党章的各项规定，牢固树立党章意识，将党章作为各项工作开展的依据，明确什么能做、什么不能做，什么该做、什么不该做，在实践活动中将党章外化于行。内外兼修，才能守好党章这个总规矩，发挥党员的模范带头作用，永葆党的先进性和纯洁性。

形式多样学党章，增强党章学习趣味性。形式多样的学习方式可以激发党员学习的积极性，增进学习过程的趣味性，增强学习结果的实效性。广西壮族自治区党委通过开展专题研讨会学党章，在学习交流中明确学习目的、深化学习效果；珠海市宣传文化系统通过开展知识竞赛学党章，巩固学习成果、明确学习不足；通过制作、观看《不忘初心学党章》等影片学党章，丰富学习视角，增强学习趣味；上海交通银行金融市场部第四党支部通过参观“红色足迹——共产党党章历程展”学党章，调动多种感官，以沉浸式体验激发党员情感。在党章学习中，党组织和党员可以利用身边的多种资源，从多个角度学习党章，全面系统地学习党章，加深学习体会，牢固树立党章意识，在党章学习中坚定理想信念。

2. 对照党章找差距，自我革命，锤炼党性

坚持自我革命，对照党章找差距。“打铁还需自身硬”，遵守党的规矩，首先要有规矩自觉，自觉遵守党的各项规矩，对照规矩查找问题。党章是党的性质、方针、重要理论的集中体现，为党员提供了根本准则和标准。对照党章，反思是否坚持党的基本路线，是否履行党员的八项义务，是否遵守党的组织制度，是否具备党员干部的六个条件，是否严格遵守六项纪律，是否坚持党的群众路线。广西各级党组织认真学习党章，通过专题学习、警示教育、革命教育、榜样教育等系列教育，将党章的要求具体化、生动化，在党员心中树立起模范标杆，对照标杆反思个人不足，深入查找问题，迅速落实整改，实现个人和党组织的进步。

找准差距问题，及时整改抓落实。对照党章找到问题之后，关键还是在于整改落实。抓整改，要突出针对性，坚持具体问题具体分析。广西各级党组织对标党章寻找差距，深入一线开展专项调查研究，弄清楚问题是什么，对照这些问题列出专项整治任务、重点整治项目，制定整改措施，使问题整改更具方向性和针对性。抓整改，严要求，加强监督推动，制定制

度保障。广西壮族自治区退役军人事务厅依据退役军人和其他优抚对象反映出的重点问题，出台解决措施，抓好制度执行，落实制度保障；纪委监委强化监督检查，推动整改措施落实，用有力的监督和制度保障问题的整改，让守规矩落在实处。

第二节 严明党的纪律

加强党的纪律建设是从严治党的治本之策，遵守党的纪律和国家法律是每个党员应尽的义务。严明党的纪律，要把纪律挺在最前面，做到有纪可依、遵纪强教、守纪有督、执纪必严、违纪必究，把党的纪律刻印在全体党员心上，让纪律成为管党治党的“尺子”。本节通过延安时期党中央加强党的纪律建设和四川省内江市加强纪律建设两个案例，阐释如何严明党的纪律。

案例一　延安时期党的纪律严于“金箍”

（来源：《党课参考》2019年第3期）

延安时期，随着中国共产党事业的不断发展，党的纪律建设也日渐完善，在立规矩、守规矩、严规矩等方面取得巨大成就，为党和人民军队的纯洁性巩固，带领人民夺取抗日战争的全面胜利，发挥了重要作用。

1. 立规矩，“纪律是铁的，比孙行者的金箍还厉害”

延安时期，面对严峻的抗战形势，国民党溶共政策的渗透，加强党的纪律建设是解决这些困难的重要一步。毛泽东在《论新阶段》中提出：“从中央以至地方的领导机关，应制定一种党规，把它当作党的法纪之一部分。一经制定之后，就应不折不扣地实行起来，以统一各级领导机关的行动，并使之成为全党的模范。”

1938年9月29日至11月6日，中共中央在延安召开中国共产党第六届中央委员会第六次全体会议，会议通过了《关于中央委员会工作规则与纪律的决定》《关于各级党部工作规则与纪律的决定》，重申了党的纪律。会议首次明确要求全体党员做到“四个服从”——个人服从组织，少数服从多数，下级服从上级，全党服从中央。毛泽东在这次会议上强调：“没有纪律，党就无法率领群众与军队进行胜利的斗争。”当时的延安大生产运动，也成为纪律教育运动，毛泽东、周恩来等中央领导人以身作则，发挥了良好的带头作用。

2. 守规矩，“党内不准有不遵守纪律的‘特殊人物’‘特殊组织’”

没有任何借口、迅速执行党的决议，这是延安时期中国共产党对每名党员遵守纪律的要求。陈云总结了破坏纪律之人的几种借口：一是以上级政治上正确与否作为守纪律的条件，二是以对方能力大小作为守纪律的条件，三是以地位高下作为守纪律的条件，四是混淆不同的历史条件。有了这些借口或所谓的根据，党员不遵守纪律，党的决议就会成为空话。延安时期，中国共产党坚决处置这些不守规矩的行为，不为任何违纪行为找借口。

纪律面前没有特权和特殊，这是延安时期中国共产党严守纪律观念的写照。陈云有一次在进延安城北门时被岗哨拦住，在认真系上了风纪扣后，哨兵才让陈云进去。这个风纪扣就是纪律扣，系上的是纪律的一视同仁。毛泽东的表兄文运昌在得知毛泽东在延安做了“大官”后，请求毛泽东为其介绍工作，毛泽东回复：“吾兄想来工作甚好，惟我们这里仅有衣穿饭吃，上自总司令下至火夫，待遇相同，因为我们的党专为国家民族劳苦民众做事，牺牲个人私利，故人人平等，并无薪水。”

3. 严规矩，“党规一经制定，就应不折不扣地实行起来，以统一各级领导机关的行动”

党的纪律既然是一种约束，那么违反纪律就必然要受到组织处分。在抗日战争时期，因为日本侵略者的“扫荡”，抗日根据地的环境变得十分艰苦，个别党员不愿意到敌后工作。中组部在延安挑选了10多名来自东北的同志，准备派他们回到家乡去开展工作，其中7人以种种借口推托不去，最后由正式党员降为候补党员，其中1人被给予严重警告处分。遵守党纪，要严格遵守“四个服从”，组织的决定一旦形成，绝不能讨价还价，要坚决地执行。

越是干部，越要讲纪律。1943年，边区政府发布“厉行节约”五条规定，边区政府主席林伯渠身体力行，公开自己包括戒绝外来纸烟、生活用品自给的计划。张思德在一次买猪过程中，因不小心赶走了群众一头猪而顶着烈日折回十几里地将猪送还。严明党的纪律，上行自然下效。反过来，领导干部违反纪律，党组织也绝不姑息，一律严惩。当时严肃处理了两起具有较大影响的案件：刘振球案件和黄克功案件。两人都参加过长征，在战争中有着卓越贡献。但两人无视党纪党规，刘振球侵吞公款，黄克功在抗日军政大学学习期间因逼婚不成枪杀陕北公学的女学生刘茜，这些违纪行为对党和军队造成了极坏影响。党中央对违纪行为绝不姑息，中央军委原总政治部党务委员会决定开除刘振球的党籍，交法庭处理。黄克功被交付陕甘宁边区高等法院判处死刑。纪律工作要从领导干部做起，从小事抓起，对于任何人的违纪行为都要严肃处理，在全党形成震慑，使纪律成为带电的“高压线”。

延安时期完善党的纪律，严守党的纪律，维护了党和军队的团结统一，增强了党和军队的战斗力和凝聚力。学习延安时期的纪律建设，对于今天加强党的纪律建设，推进从严治党，具有重要的启示意义和借鉴作用。

案例二　四川内江：以严明的纪律抓好管党治党

（来源：《内江日报》2021年6月24日）

党的十八大以来，四川省内江市始终围绕全面从严治党，坚持党的领导，让纪律成为管党治党的“尺子”，为加快建设成渝地区双城经济圈中的新内江、开启内江全面建设社会主义现代化新征程提供坚强的纪律保障。

1. 立规矩——扎紧织密“不能腐”的制度笼子

有纪可依是严明纪律的前提。内江市积极贯彻落实从严治党的要求，学习党的纪律。针对内江实际情况，内江市委印发《关于加强政治建设、严明政治纪律和政治规矩的意见》，为严明政治纪律和政治规矩提供总的方向性指导；围绕贯彻落实中央八项规定精神，印发《关于以严的精神、实的作风进一步贯彻落实中央八项规定、省委省政府十项规定精神和市委市政府十项规定的实施方案》，从14个方面提出40条措施；市委七届二次全会出台《关于深入推进全面从严治党　加强和规范党内政治生活　严格党内监督巩固发展良好政治生态的决定》，提出推动中央八项规定精神和省市十项规定成为党员干部自觉遵守的行为准则；出台内江市强化纪律作风保障优化发展环境的“七条禁令”，整治违法建设“八个不准”要求，为纪律建设提供明确的要求。

2. 强教育——教育党员自觉遵守党纪党规

内江市纪委、市委组织部、市委宣传部联合印发《关于进一步加强全市党员干部经常性纪律教育的意见》，从制度建设、重点内容、形式手段等方面，对如何加强党员干部纪律教育提出明确规定。

形式多样开展党纪教育，增强纪律意识。内江市将学习党纪党规纳入市委常委会会前学习内容，开展专题党课，组织党员干部到省市级廉洁文化（教育）基地参观学习，观看警示教育片，旁听职务犯罪庭审，开展“两准则四条例”大宣讲，制作警示教育读本，通报曝光典型案例，发送廉政提醒短信和反腐倡廉相关信息，对新提拔的干部开展纪律知识测试。内江还把纪律教育与各个阶段的学习内容相结合，把党的纪律教育融入党员生活，推动纪律教育与党的十九大精神紧密结合，与推进“两学一做”学习教育常态化制度化紧密结合，把纪律教育作为各级党组织理论学习中心组学习、党校和行政学院培训、干部任职资格考试和“三会一课”的重要内容。

全方位、多手段开展党纪教育，增强教育实效。将理论学习同实践相结合，个人自学同组织集体学习相结合，抓“关键少数”和管“绝大多数”相结合，始终坚持把纪律和规矩挺在前面，教育党员心有所畏、言有所戒、行有所止。全市党员干部在党纪教育中明底线、知敬畏、守纪律，使纪律真正成为每位党员心中的“红线”。

3. 严执纪——始终坚持把纪律规矩挺在前面

纪言纪语明确违纪之处，发挥典型案例警示作用。内江市对违纪党员干部严肃处理，官方通报曝光、明确指出违纪之处，发挥典型警示教育作用。内江市资中县政协原党组副书记、副主席卢××严重违纪违法被开除党籍和公职，纪检监察机关在对其的处分通报上，以“纪言纪语”明确指出违纪之人所违之纪，把纪律作为“标尺”，精准衡量违纪行为。

把党纪挺在前面。梳理党员干部违法行为，突破纪律往往是违法的开始。系统把握“纪”“法”关系，既实现“纪”“法”分开，又做到“纪”“法”衔接。内江各级纪检监察机关改变原来“先移送后处理”的方式，在移送司法机关前，先对违法人员进行党纪政纪处分。同时，联系反腐败协调小组，密切与司法、审计等机关的协作，双向移送问题线索，畅通信息交流。

增强纪律的约束力和执行力。坚持执法必严、违法必究，保持“严”的基调不放松，党的十八大以来，内江处置问题线索17 749件、立案8 687件、处分8 032人。以坚决的态度，严厉打击各种违纪行为，增强党纪的约束力。

严明政治纪律和政治规矩。政治纪律是党的纪律中最关键的纪律，遵守党的政治纪律是遵守党的全部纪律的重要基础。党的十八大以来，内江市立案查处92人违反政治纪律问题。铁面执纪，执纪必严，让党员干部知敬畏、存戒惧、守底线，坚定政治方向、政治立场，树立政治意识，自觉维护党的领导。

4. 常监督——让纪律成为带电的“高压线”

紧抓纪委监委职责，构建全面系统的监督格局。内江市深化纪检监察体制改革，健全完善派驻机构日常管理制度机制。联合纪委、监委合署办公，设立内江市纪委监委派驻纪检机构37个，督促指导各地纪委监委全面完成内设机构改革，派驻纪检监察组112个，为执纪监督提供保障力量。列出政治监督清单，贯彻落实常态监督和“回头看”监督，培养广大党员政治意识。开展政治巡视巡察、依据省委巡视反馈意见开展整改“回头看”问题。开展市委巡察11轮，对95个单位实现全覆盖，截止前10轮巡察，累计发现问题2 895个，移送问题线索171条。创新构建巡察整改“四方会审”机制，做实巡察反馈问题整改。

精准有效抓日常监督，以高质量监督促高质量发展。创新构建“4+N”监督体系，针对现实工作，精准实施监督，综合运用履责提示、述责述廉、谈话提醒等方式，高质量监督体系精准提升监督质效。聚焦疫情防控、脱贫攻坚、环保、建设成渝地区双城经济圈中的新内江、“三大攻坚战”、机构改革、森林草原防灭火等工作严肃监督执纪问责，开展11轮综合监督，发现并督促整改问题370个。

深入基层抓监督，防止“小腐败”转为“大腐败”。开展基层专项监督，让咬耳扯袖、红脸出汗成为常态，党纪轻处分和组织处理要成为大多数，对小的腐败现象及时发现整治，推动反腐败斗争向基层延伸，从小错抓起，防止干部由小过变大错，实现从惩治少数人向管住大多数的转变。

打击诬告陷害，坚决整治形式主义。推动为基层减负“十项措施”和“十条要求”落地，压缩减少了

89%的督查检查考核事项，查处形式主义、官僚主义问题380个，处分445人，切实为基层减负为干部赋能。推进打击诬告陷害常态化制度化，为2 126名党员干部澄清正名，激发干事创业内生动力。

内江市坚持用严明的纪律，永葆党的政治本色，在实现中华民族伟大复兴的“赶考”中，不断营造风清气正的良好政治生态，为内江高质量发展提供保障。

案例启示

1. 把纪律挺在最前面，全方位加强纪律建设

有纪可依，制定严密的纪律是遵守纪律的前提。延安时期党的纪律建设和四川省内江市都把制定纪律和规定作为守纪律的前提条件，加强党的纪律建设，有纪可依是第一步。在制定纪律时要讲求系统性、可操作性、针对性。多做具体规定，少提笼统要求；坚持整体规划，统筹协调各方关系；紧密联系实际，实事求是制定规定；明确违纪惩罚“红线”，心存畏惧才能坚守纪律底线。

遵纪强教，开展党纪教育是培育纪律意识的关键。有了详细周密的纪律，还要培养党员自觉守纪的意识，党纪教育是培养纪律意识的重要方式。通过全方位、多角度地宣传教育，使广大党员牢记纪律内容，增强纪律意识，养成守纪习惯，增强纪律修养。四川省内江市通过“三会一课”、警示教育片、警示教育读本、通报典型案例、发送相关信息、知识测试等多种手段加强党纪教育，培养党员纪律意识，为各单位开展党纪教育提供了范本。

守纪有督，严格地监督是加强纪律建设的保障。加强党的纪律建设，要实现监督的常态化、制度化。内江市强化纪律监督，拓宽监督渠道，全方位搭建监督格局；整合监督资源，协同发力共创清廉局面；提升日常监督效果，让红脸出汗成为常态；打击诬告陷害，让监督成为打击违纪违法的武器；从小错抓起，将大腐败扼杀在监督的笼子里。

违纪必究、执纪必严是减少违纪行为的保证。对违纪违法人员，执纪执法部门应严肃执纪，做到发现一起查处一起，维护党纪国法的严肃性。严格执纪是保障纪律的约束力和执行力的必要手段，坚持违纪必究、执纪从严，增加违纪违法的高风险，使党员望而却步，在心中树好严守纪律的“红线”。

2. 在革命史中锻造坚韧纪律，从党的纪律建设中汲取智慧

在革命中锻造坚韧纪律。严明党的纪律是我党自诞生之日起就始终坚持的重要理念，坚持纪律建设是党革命成功的重要经验。延安时期，面对复杂的国内国际形势，党内的领导集体深刻认识到严明的纪律对党抵御风险、增强党的凝聚力的重要作用，制定严明的纪律，教育党员严格遵守党的纪律，用党的纪律作为党员干部思想上的“紧箍咒”，把党的纪律作为治党管党的“标尺”。

从党纪建设中汲取力量。古人云：“其身正，不令而行。”作为党的领导干部更要坚持严守纪律、以身作则，坚持纪律面前没有特权和特殊，带头遵守党的纪律，自觉维护党的纪律。延安时期，党的革命先辈用实际行动教导我们，纪律一经制定，就必须没有借口、严格迅速地遵守起来，任何人都不能享有特权，领导干部更应该发挥好先锋模范带头作用，带头规范自身行为，加强纪律建设，用党纪党规保持党的先进性和纯洁性。

第三节 发扬党的优良传统

在党的百年历史中，无数共产党人在实践中形成了对一些问题的深刻思考和科学总结，并且经过不断传承形成了约定俗成、行之有效的优良传统和工作惯例。党章、党纪要遵循，党的优良传统和工作惯例也要自觉继承。本节将通过山西省传承红色基因这一案例，阐释如何挖掘和发扬党的优良传统。

案例 传承三晋红色基因，激发山西奋进伟力

（来源：《山西日报》2022年2月22日）

山西历史悠久，素有“中国古代文化博物馆”之称，也是中国革命的重要地区，沿袭了许多优良传统和红色基因。近年来，山西省积极响应习近平总书记的号召，保护革命遗迹，赓续红色基因，发扬党的优良传统，为中国建设培养新时代人才。以新时代的奋斗，为山西红色基因赋予新的更为丰富的内涵，为山西全方位推动高质量发展注入精神动力。

1. 保护红色基因，珍存革命印记

保护、开发、利用革命遗址。2021年11月，山西省人民政府公布了中共太原支部旧址（彭真生平暨中共太原支部旧址纪念馆）等191处山西省第一批省级红色文化遗址名录，要求相关部门落实保护管理责任，设置保护标志，公布保护范围和建设控制地带，保护好山西珍贵的红色资源，在不破坏革命遗址的基础上发挥红色资源在开展党史学习、革命传统教育等方面的重要作用。山西作为革命老区，拥有许多革命遗址，这些遗址记录着党和人民在山西战斗的印记，是红色基因重要的物化载体，是弘扬革命精神的重要场所。山西对全省红色资源进行系统梳理，做好革命文物密集片区整体保护利用工作，进一步加强山西红色资源的保护管理利用。创新教育手段，推进网上全景展馆建设，把革命旧址、纪念馆、烈士陵园、爱国主义教育基地这些革命印记作为传承红色基因、发扬优良传统的课堂。

缅怀、铭记、学习革命先烈。太行巍巍，无数英雄儿女在这片土地上洒下热血和汗水，涌现出刘胡兰、续范亭等一批革命英烈。怀着铭记、学习革命先烈的目的，山西省打造了英烈英模家属宣讲团，通过

先烈亲人的讲述，让先辈的优秀精神和优良传统照亮三晋大地，为山西党员干部群众注入了精神力量。

2. 挖掘革命精神，凝聚奋斗力量

党的百年奋斗中，中国共产党人形成了以伟大建党精神为源头的一系列革命精神，构筑起了中国共产党人的精神谱系。山西响应党的号召，挖掘具有山西特色的革命精神，传承红色基因，凝聚奋斗力量。

为民奉献，在红色基因传承中牢记为中国人民谋幸福的初心。山西省委坚守人民至上的立场情怀，始终关切全省人民在想什么、急什么、盼什么，向全省做出民生投入只增不减、惠民力度只强不弱、惠民实事只多不少的庄严承诺。坚持新时代群众路线，抓好“我为群众办实事”实践活动，深入开展“用党史、践初心、兴老区”行动，提升山西人民的获得感、幸福感、安全感，让党在山西的执政基础更加牢固。

艰苦奋斗，在红色基因传承中坚定中华民族伟大复兴的信心。面临新冠肺炎疫情冲击、百年变局加速演进、外部环境更趋复杂严峻等重大挑战，植根于山西人民血脉中的红色基因是走好新的赶考之路的重要精神支撑。坚持稳中求进，在攻坚克难中实现经济发展进位提质；坚决担当使命，在精准施策中奋力推动转型；践行“两山”理论，在“双碳”引领中加快绿色发展；锐意改革创新，在破解难题中增强发展动力；面向市场主体，在创优环境中充分激发活力；顺应民之所盼，在践行宗旨中增进民生福祉。

万众一心，在红色基因的传承中统一思想、凝聚共识。太行山上承载着我们党领导太行儿女艰苦抗战的光辉历史，流传着无数感人至深的红色故事，体现着山西红色基因的世代传承。山西红色基因是讲好山西故事、传播山西声音、展示山西形象的重要载体，也是把三晋儿女紧紧凝聚在一起、创造新时代伟业的重要力量。山西省统筹央媒省媒、网上网下、内宣外宣，讲好党的故事、革命的故事、英雄和烈士的故事，展示老前辈留下的宝贵红色基因，让红色文化熏陶人、教育人、感染人、提升人。让忠诚于党、忠诚于祖国的红色基因代代相传，汇聚成新时代全面建设中国特色社会主义的蓬勃力量。

3. 赓续红色基因，培育时代新人

凡是过去，皆为序章。不忘初心，是为了继续前进。珍存山西红色基因的“昨天”，激活山西红色基因的“今天”，是为了让历史照亮未来，赓续山西红色基因的“明天”。

红色旗帜引领方向。忆峥嵘岁月，英雄的山西儿女始终紧紧跟随党的领导；看新的时代，山西人民更要加强马克思主义理论武装，以习近平新时代中国特色社会主义思想为根本指针，把红色基因传承好。深入开展理论学习，加深全省干部群众对新时代党的创新理论的力量感悟。精心组织各类基层宣讲活动，在党报党刊推出一系列理论文章，在山西卫视推出理论节目，用好新时代文明实践中心、县级融媒体中心、“学习强国”学习平台，推动党的创新理论“飞入寻常百姓家”。

红色文化以情动人。山西省引导文艺作品创作坚持以人民为中心的导向，自觉担负好以文化人、以文育人的重要职责，创作了一批优秀的红色文化作品。舞蹈诗剧《天下大同》、舞剧《刘胡兰》入选中宣部“庆祝中国共产党成立100周年优秀舞台艺术作品展演”。晋剧《傅山进京》、京剧《文明太后》、音乐《表里山河》等6部作品入选文旅部“庆祝中国共产党成立100周年舞台艺术精品创作工程”。京剧戏歌《表里山河》被中国音协评为“庆祝中国共产党成立100周年‘百年百首’全国优秀新创歌曲”，唱响海内外，新媒体阅读量突破亿次。用红色文化传承红色基因，激励时代新人。

红色理想砥砺青春。2021年“七一”前夕，“不忘初心、牢记使命——山西省庆祝中国共产党成立100周年图片展”在山西省展览馆开展，本次展览用山西的建设成就和改革开放40多年来的山西变化，鼓舞山西青年坚持党的领导，发扬党的优良传统，用红色基因激励青年树立远大理想，在奋斗中砥砺青春、放飞梦想。

回首昨天，红色基因铺就山西底色；无愧今天，红色基因激发奋斗伟力；展望明天，红色基因赓续革命根脉。山西省利用红色资源、绵延红色血脉、激活红色基因，用红色基因激励山西人民推动山西高质量发展，为中华民族伟大复兴中国梦的实现贡献山西力量。

案例启示

1. 传承红色基因，发扬党的优良传统和工作惯例

习近平总书记在十八届中央纪委五次全会的重要

讲话中首次系统阐述了党内规矩的范畴，并将党的优良传统和工作惯例作为党内规矩的一部分。相对于党章党纪这些白纸黑字、明文规定的规矩，优良传统和工作惯例同样需要全党同志长期坚持并自觉遵循。把优良传统和工作惯例纳入规矩的范畴，体现了党对传统文化规矩意识的继承和发展、对中国共产党优良传统的历史遵循、对中国共产党政党建设的现实需要。学习和总结党的历史，传承红色基因，是对党的优良传统和工作惯例的继承和发展的重要一步。

保护革命印记，传承革命精神，发扬优良传统。在党的发展历程中，留下了许多的印记，这些印记承载着历史的变迁、记录着优秀的先烈故事、彰显了历史中形成的红色精神，保护、开发、利用这些印记，可以用鲜活的人物传递精神，用真实的物质载体讲述故事，在可触可感的实物中激发人们的情感、传承先烈的精神、赓续红色基因。山西省作为革命老区，深入贯彻习近平总书记的讲话精神，保护革命印记，学习革命先烈，梳理革命精神，在回顾革命印记中传承革命精神，发扬党的优良传统。

挖掘红色精神，坚定理想信念，补足精神之“钙”。理想信念是共产党人坚持党的优良传统的内核和价值支撑，没有理想信念，自觉遵守党的优良传统就无从谈起。只有加强理想信念建设，补足精神之“钙”，才能使共产党人真正遵循和传承党的优良传统和工作惯例。山西省用红色基因涵养初心，坚持以人民为中心，开展“我为群众办实事”实践活动，在红色基因传承中牢记为人民谋幸福的初心；用红色基因重塑信心，坚持百折不挠、艰苦奋斗的精神，在传承红色基因中坚定中华民族伟大复兴的信心；用红色基因凝聚人心，全方位讲好红色故事，弘扬红色文化，在红色基因的传承中统一思想、凝聚共识。

激活红色基因，培养时代新人，赓续红色根脉。用红色基因培育时代新人，为坚持党的优良传统和工作惯例提供人才支持。运用多种平台，宣传党的理论，推动理论学习，树立红色旗帜，引领前进方向；创新红色文化，创作优秀作品，弘扬红色文化，发挥以文育人的作用；抓好青年教育，树立远大理想，用红色理想指引青春奋斗。

2. 结合党内制度，保障优良传统和工作惯例的传承

辩证认识成文规矩和不成文规矩、党规党纪和优良传统的关系，二者相互依存，相互统一，相互转

化。优良的传统和工作惯例需要固化为制度规定，才能为优良传统和工作惯例的传承提供保障，通过执行制度规定有序推进党的优良传统和工作惯例的传承和发展；党规党纪的执行需要党的优良传统培育的良好环境和思想条件。两者共同发力，才能形成全面的合力，推进守规矩的有序进行。

小　结

本章从遵守党的章程、严明党的纪律、发扬党的优良传统三方面讲述了如何遵守规矩，建设纪律严明的马克思主义政党。习近平总书记强调："没有规矩不成其为政党，更不成其为马克思主义政党。"习近平总书记在十八届中央纪委五次全会的重要讲话中阐述了党的规矩的具体内容，党章是全党必须遵循的总章程；党的纪律是刚性约束；国家法律是党员、干部必须遵守的规矩；党在长期实践中形成的优良传统和工作惯例也是党内的重要规矩。

第一节选择广西各级党组织对照党章找差距和各地多形式学习党章两个案例，从党章学习和对照党章找差距阐释了如何守好党章这个总规矩。第二节选择延安时期的纪律建设和四川省内江市全方位、深层次严明纪律两个案例，阐释了如何严明党的纪律。第三节选择山西省传承红色基因这一案例，阐释了如何挖掘和发扬党的优良传统。

守好党章这个总规矩。一方面，要扎实开展党章学习，通过多样的学习方式，增强党章学习效果，培育党章意识，将党章内化于心，在实践活动中将党章意识外化于行；另一方面，坚持对照党章找差距、寻问题，通过制度、监督等形式及时纠正问题抓落实，守好党章这个总规矩，保持党的先进性和纯洁性。珠海市宣传文化系统举办知识竞赛、上海交通银行金融市场部第四党支部参观党章发展历程的展览等案例，为我们学习党章提供了可以借鉴的多样化形式。广西各级党组织认真按照习近平总书记关于“四个对照”和“四个找一找”的要求，开展对照党章找差距主题教育活动，提升了党员的规矩意识，坚定了党员的理想信念。

遵守党纪国法这个刚性规矩。延安时期，党内的领导集体以身作则，从立规矩、守规矩、严规矩三个方面加强纪律建设，维护了党和军队的团结统一，增强了党和军队的凝聚力和战斗力。四川省内江市坚持把纪律挺在最前面，通过立规矩、强教育、严执纪、常监督全方位加强党的纪律建设，让纪律成为管党治党的“标尺”。严明党的纪律，要从党史学习中锻造坚韧纪律，在党的纪律建设中汲取前行力量，坚持把纪律挺在最前面，做到有纪可依，强化教育，守纪有督，违纪必究，执纪必严，不断增强党员纪律观念，凝聚党内力量，推动党内建设。

发扬党的优良传统。相对于党章党纪这些白纸黑字、明文规定的规矩，优良传统和工作惯例同样需要全党人员长期坚持并自觉遵循。山西省通过保护革命遗址、学习革命先烈、挖掘红色精神、培育时代新人等措施继承和发扬党的优良传统，为山西建设提供了动力。在学习党的历史中发掘党的优良传统，在制度建设中将党的工作惯例固定下来，两者共同发力，保障优良传统和工作惯例的传承。

第七章

悟境界

概　述

人的存在方式是多样的，可以作为自然世界中的自然人存在，也可以作为人类社会中的社会存在。除却这两种存在方式，人也可以作为精神世界中的精神存在。境界体现的便是一个人的精神修养和层次，境界的高低可以外显为人的世界观和实践活动，主导着个人对人生价值的界定，指引着个人为何荣、为何生、为何死的精神追求。

社会中个体的人生境界体现了社会的物质文明发展状况。随着我国综合国力不断提高，社会不断进步，人民的自我认识逐渐觉醒，个人的主体性不断增强，人们可以在不违背法律和道德的基础上自由追求个人的人生价值，这深刻体现了中国的进步和发展。同时，人是社会历史的创造者，社会中人的境界的高低影响着个人对社会、国家发展的责任感，从而对社会和国家的发展产生作用。因此，提高个体的人生境界对个人、国家、社会发展都有着重要意义。

在学习马克思主义的过程中，在辩证唯物主义和历史唯物主义的指导下，提倡个体树立宏大的历史视野，保持对人类社会整体的关注，提升个人的历史使命感和社会责任感，在实践中自觉发挥人的主体性和能动性，推动自身精神世界和外部世界向着更好的方向改变，推进个人价值的实现和人类社会整体的发展。马克思主义思想指导下的人生境界分为三层：第一层体现的是个人将理想追求同社会发展相结合，推进个人和社会协同发展；第二层体现的是在社会历史视野下，为了人类社会整体利益，奉献和牺牲个人利益，在人类整体进步中实现个人价值；第三层体现的是在马克思主义思想指导下，追求共产主义理想，为人类的解放不断斗争。

“小我”融入“大我”，将个人发展同社会发展相结合。追求“大我”的人生境界，提倡将自我的发展融入祖国、社会的发展，主张将个人的命运与人类整体命运联系在一起，在这样的人生实践下，个人的自我价值将会因为社会整体发展而得以实现。2019 年 1 月 17 日，习近平总书记对南开大学师生提出希望：

“只有把小我融入大我，才会有海一样的胸怀，山一样的崇高。你们心中总要怀有一个远大的目标，为中华民族伟大复兴做出你们这一代人的历史贡献。”

以“有我”担当追求“无我”境界，培养个人奉献精神，为集体发展谋利益。人类社会的整体发展有时要靠牺牲个人的利益来实现，个体在这一过程中的牺牲和贡献被集体共同享有并转化为社会整体发展的动力。马克思主义指导下的人生境界既肯定个人追求利益的正当性，但在人类整体的视野下也鼓励个体为了人类整体发展超越个人利益的得失，在这时个人利益牺牲的痛苦也会被人类整体进程发展的获得感取代，驱使个体为了整体的发展而牺牲个人的利益。马克思·恩格斯在《共产党宣言》中指出：“过去的一切运动都是少数人的，或者为少数人谋利益的运动。无产阶级的运动是绝大多数人的，为绝大多数人谋利益的独立的运动。”中国共产党始终代表中国最广大人民群众的根本利益，随时准备为党和人民牺牲一切是每位党员对党的庄严承诺，党员更应该以身作则，以“有我”担当追求“无我”境界，为党和国家的发展贡献自己的力量。

共产主义者的最终境界追求是为了共产主义理想

努力奋斗。共产主义事业的道路虽然漫长，但不能因此就认为实现共产主义是虚无缥缈的海市蜃楼，忘记我们的初衷和最高奋斗目标。身为共产党人必须坚定共产主义理想信念，树立共产主义远大理想，为了共产主义事业不懈奋斗。为共产主义理想而奋斗，要培育“千磨万击还坚劲”的斗争精神，以敢于斗争的决心和勇气，直面矛盾，解决矛盾，批判错误思潮，抗争反动势力，始终坚持自我革命的决心，保持自身的先进性和纯洁性，在实践斗争中夺取新时代伟大胜利。

第一节　从“小我”到“大我”的转变

一个人的价值既有社会对个人的尊重与满足，也有个人对社会的责任和贡献。将个人追求同国家需求、时代发展相结合，才能在“大我”发展中更有成就感地实现自我价值。把“小我”融入“大我”不是一句口号，需要树立爱国情怀，培育开拓创新精神，最终落实到实践中，才能实现“大我”的发展。本节将通过福建工程学院培育学生爱国情怀的实践活动和科学家们通过开拓创新精神实现“大我”的两个案例，分析如何将“小我”融入“大我”。

案例一 福建工程学院：将“小我”融入“大我”，矢志青春报国

（来源：福建工程学院官网2021年8月31日）

青年是一个国家未来的希望，青年有志，国家发展才能有动力。福建工程学院以暑期“三下乡”社会实践为契机，号召师生深入基层一线寻访红色足迹、开展专项调查、进行理论宣讲、服务乡村振兴，以文艺演出、宣讲报告、公益伴读、专题交流等多种形式培育爱国情怀，在实践活动中增强青年的责任和担当，号召青年将个人“小我”融入祖国“大我”，主动肩负时代责任，担当历史使命。

1. 追寻红色足迹，传承红色记忆，赓续爱国精神

计算机科学与数学学院社会实践团走进长汀县中复村，追寻红色足迹，传承红色记忆，树立爱国情怀。福建省长汀县作为红军长征的主要出发地之一，

具有悠久的革命历史和光荣的革命传统。社会实践团成员们走进长汀县，参观松毛岭战役纪念馆、红军桥、红军长征出发地纪念广场等红色遗迹，通过浏览这些珍贵的历史资料，成员们立体而生动地感受了其中蕴含的红色文化，体悟了长征精神。参观结束后，成员们在党旗下重温入党誓词，进一步感受入党誓词中党员的责任和担当。成员们表示，作为青年一代，在新的长征路上，要学习先辈精神，主动担当作为，在社会发展中实现个人价值。

法学院联合福建省建瓯市委成立红色研学青年实践团，成员们在建瓯市革命历史纪念馆、长江支队建瓯会师纪念馆、中共闽北临时委员会旧址、廖俊波同志先进事迹教育基地等开展实践活动。通过追寻当地红色足迹，成员们了解了闽北临时委员会的创立和发展历程，感受到革命时代建瓯人民的斗争精神和爱国情怀，学习杨峻德、张沐、廖俊波等先辈的使命和担当，在学习党史和革命先辈的事迹中坚定理想信念，树立远大理想。

土木工程学院实践团成员前往福建省福州市平潭综合实验区将军山爱国主义教育基地，重走红色旧址，坚定成员祖国统一的信心。1996年初春，中国人民解放军在平潭县举行新中国成立以来规模最大的三军联合作战演习，100多名将军登上老虎山观看演习，为了纪念这一历史时刻，老虎山改名为将军山，在此建立将军山爱国主义教育基地，记录了将士、人民对祖国统一的愿景和期望。成员们通过重走将军山红色旧址，观看当时联合军演的视频，感受到党和人民维护祖国统一的信心和决心。

建筑与城乡规划学院实践队前往福建省华安县沙建镇上樟村，了解扶贫工作，感受党的人民情怀。上樟村是福建省革命老区村和第五批省级扶贫开发重点村。成员们在这里参观了上樟村党建“大粮仓”，回顾了上樟村的发展历程，感受上樟儿女在中共一大至中共十九大的不懈奋斗和光荣成绩，深刻体会党的为民情怀。

2. 开展实践服务，服务社会基层，培养责任担当

设计学院·海峡工学院社会实践团走进福建长汀县南山镇严婆田村，用所学专业保护当地传统文化，带动当地经济发展。实践团成员们通过户外墙绘、文化宣讲等方式宣传红色文化，通过相机、无人机记录当地文化特色，保护和继承传统文化，利用媒体平台

传播当地文化，将乡村振兴和文化发展相结合，发挥文化在乡村治理中的作用，带动乡村经济发展。

电子电气与物理学院社会实践团走进福建顺昌县洋口镇，开展“我为群众办实事”主题实践活动，为民办事，为民解忧。电子电气与物理学院同学们发挥专业所学，帮助群众检修和处理家电故障，解决群众日常生活中的问题。此外，实践团成员们还前往洋口福音老人院，为老人们带去爱心物资，帮助老人清理卫生，陪伴老人聊天，为老人送去温暖。

3. 举办党史宣讲，公益伴读，播撒红色火种

材料科学与工程学院星火宣讲实践团与共青团福安市委共同开展了“千名干部进千企”志愿服务活动，发挥成员们政治理论素养和专业知识素养的优势，为当地企业送上“三个一”系列活动，“一堂生动的党课：学史增信坚定理想信念”“一次特别的教育：安全生产掌握从业技能”“一场暖心的活动：全民禁毒共享健康人生”，从思想上、专业上开展党史学习、技能培训、禁毒教育，宣传党史知识，提升当地企业的安全意识和禁毒意识，用红色文化培育当地居民红色精神，助力企业发展。

“小眼睛·大世界”城乡儿童绘本教育服务实践

团队深入福建漳州南靖、华安、漳浦等8个区县，在这些区县举办“苍霞共益·阅享漳州”乡村儿童绘本阅读公益活动。成员们为乡村儿童捐赠精装绘本读物800多册，并为2 000多名儿童提供阅读辅导，在公益伴读活动中传播爱国主义精神，用阅读为当地儿童送去知识和温暖，通过早期红色教育，在儿童心中传播红色文化，厚植爱国情怀。

互联网经贸学院实践团成员通过情景剧、通信课堂、党史彩绘等形式为福建省南平市延平区太平镇中心小学的孩子们讲述党史故事，开展党史教育，带领孩子们重温百年党史，在孩子们心中播撒下红色的种子。

4. 开展文艺会演，献礼建党百年，凝聚青春力量

福建工程学院管理学院社会实践团的师生发挥大学生的创意和才艺，运用歌舞、乐器演奏、小品、合唱等多种形式，成功举办了“永远跟党走、奋进新时代”庆祝中国共产党成立100周年暨“三下乡”文艺演出，将红色文化与丰富的活动形式相结合，为当地村民和游客们带来一场精彩的演出，让群众在生动有趣的文艺会演中坚定爱国爱党信念，树立爱国爱党

情怀。

建筑与城乡规划学院与福建省漳州市华安县人民银行等单位在华安县上樟村联合举办“福工乡约上樟之恋”暨金融助力“三下乡”校地联谊文艺演出。师生们准备了萨克斯演奏、舞蹈、朗诵、军体拳表演等活动，丰富了当地群众的文化生活和精神世界，青年学子通过文艺活动表达了青年人向党爱国的情怀，在中国共产党成立100周年之际用实际行动为中国共产党的百年华诞献礼。

基层是最大的课堂，群众是最好的老师。福建工程学院青年学子在暑期“三下乡”社会实践中，主动走出校园，深入基层，深入群众，在实践中练就过硬本领，磨炼品格意志，接受思想洗礼，沉淀红色基因，汲取奋进力量，把青春融入党和人民的事业中，在乡村振兴的道路上书写青春的责任与担当。

案例二　心有“大我”，至诚报国的科学家

（来源：《新华每日电讯》2021年9月30日）

中国共产党在百年历程中，涌现了许多仁人志士，带领中国人民取得伟大胜利。学习先辈们铸就的

精神品质，可以为个人发展提供精神动力，为追求“大我”提供方向指引，为个人从“小我”到“大我”的转变提供范本。科技是一个国家和社会发展的动力，科学家是推动科学发展的重要力量。我国科学技术的发展离不开科学家的奋斗，钱学森、邓稼先、黄旭华等都是我国历史中重要的科学人物，他们能在困难的环境中坚持奋斗，最终研究出重要的科学成果，离不开个人的境界指导和精神激励。他们那种胸怀祖国、矢志创新的精神和情怀，鼓舞广大科学家和科技工作者不断攀登科学高峰，为实现中华民族伟大复兴做出贡献。

1. 树立爱国情怀，矢志报国为民

爱国情怀是科学家们重要的精神动力。共和国第一代核潜艇总设计师黄旭华曾立下铿锵誓言：“当祖国需要我一次把血流光，我就一次流光；当祖国需要我一滴一滴流血的时候，我就一滴一滴地流！”正是在爱国精神的激励和鼓舞下，黄旭华背井离乡，隐姓埋名30年，在荒岛中上下求索，致力研究出核潜艇。面对我国缺乏研究基础和条件，黄旭华这样说：“头拱地、脚朝天，也要把核潜艇搞出来。”科学家刘永坦同样将爱国情怀作为督促个人研究发展的动力，他说他是“怕家国难安！怕人民受苦！怕受制于人！”

在这样忧国忧民的情怀下，他带领团队在荒芜的海岸线上奋斗多年，克服重重困难，专注于新体制雷达的研究，终于使我国新体制雷达实验系统首次实现目标探测。

为中华之崛起而奋斗是科学家们的使命担当。黄大年在同学的毕业纪念册上郑重写下“振兴中华，乃我辈之责”。这位科学家回国之后兢兢业业、不懈奋斗，带领团队最终突破国外高精度探测装备技术封锁，推动中国真正进入“深地时代”。李保国扎根太行山35年，与农民同吃同住，扎根基层，用专业成果教授农民种植果树，用技术带领农民脱贫致富，促进乡村振兴。黄旭华、李保国等科学家坚持把实现国家富强、民族振兴、人民幸福作为自己价值实现的目标，作为自己的责任担当，把“小我”发展融入“大我”，在祖国需要的地方不断努力奋斗。新时代、新征程，想要“小我”有发展，必须树立以国家民族命运为己任的爱国主义精神，培育为国为民奋斗的责任和担当。

2. 培养开拓精神，敢于创新创造

“大我”的实现，离不开开拓创新精神。广大科技工作者在勇攀高峰、敢为人先的开拓创新精神激励下，提出新理论、开辟新领域、探索新路径，创造出一批高水平的原创成果。原“中国天眼”首席科学家兼总工程师南仁东发扬开拓创新精神，在当时中国最大的射电望远镜口径不到30米的情况下，创新地提出500米口径球面射电望远镜（FAST）工程设想，力排众议，努力克服研究过程中一系列技术难题，使“中国天眼”终于落地，这一具有我国自主知识产权的重大科研基础设施自落成以来，已发现近400颗脉冲星，是同期国际上其他望远镜发现脉冲星总数的2倍多。

“嫦娥五号”成功登陆、新冠肺炎疫情期间我国快速研制新冠病毒检测试剂和高水平疫苗、时速600千米高速磁浮交通系统的研发、突破二氧化碳人工合成淀粉技术等，中国科技工作者在爱国情怀和开拓创新的精神鼓舞下不断创新成果，向世界展现中国的实力。

3. 接力精神火炬，追寻“大我”境界

精神的火炬需要一代一代科研工作者不断传承，才能实现科学技术的永续发展，才能推动人类社会不断向前。2021年5月，“杂交水稻之父”袁隆平与世长辞，但袁隆平的精神激励更多人在各自领域开拓创

新，耕耘奋斗。目前，我国众多科研人员从事杂交稻研究，仅国家水稻产业技术体系里的科学家就有一百多位，为水稻培育提供了源源不断的人才支持。一代代年轻科技工作者登台接棒，用热爱祖国、开拓创新的精神品格，培育“大我”担当，奏响科学报国的时代乐章。

科学充满未知，探索永无止境。在热爱祖国、开拓创新的精神指引下，我国科技工作者有信心、有意志、有能力肩负起历史重任，以更加昂扬的精神状态和奋斗姿态，投身于建设世界科技强国，书写更多创新故事。

案例启示

1. 树立爱国情怀，扎根人民、奉献国家、将“小我”融入“大我”

“小我”融入“大我”的重要体现就是将个人发展同国家发展相结合，在国家和社会发展中实现个人价值，这需要以爱国情怀作为支撑，培育个人爱国精神，主动担负起民族复兴、人民幸福的责任。

学习党史，培育爱国情怀。通过对党史、新中国史的学习，了解近代以来中华民族所遭受的苦难，了解革命先辈为了寻求民族解放、国家独立的使命担当，了解中华民族从站起来、富起来到强起来的历史进程，才能更加水到渠成地形成对祖国强大的归属感、荣誉感，才能更好地树立爱国情怀。福建工程学院多个实践团队通过追寻红色足迹、开展文艺会演等形式学习党史，在党史学习中感受先辈的爱国情怀，传承红色记忆，赓续红色精神。材料科学与工程学院星火宣讲实践团、“小眼睛·大世界”城乡儿童绘本教育服务实践团、互联网经贸学院实践团在深入学习党史的基础上积极宣传党的历史，在基层和孩子心中播撒红色种子，为培育新一代爱国青年打下了基础。

落实实践，立志报效祖国。将“小我”融入“大我”最终还要落实到行动中，用报效祖国的决心，指引人生实践。黄旭华、刘永坦、李保国等科学家以实现国家富强、民族振兴、人民幸福为己任，将爱国情怀落实到实践中，创造了令人瞩目的成绩。福建工程学院实践团也积极动员不同专业的师生发挥自己的专业优势，运用专业知识服务人民，在为民服务的实践活动中落实爱国情怀。要实现“大我”，实践是必不可少的一环，在实践中检验和历练自己的爱国之心，真正把人民和国家所需作为行动目标，在实现目标的过程中攻坚克难、开拓创新，努力达成目标，实现个人的发展和国家的发展。

2. 培育开拓精神，迎难而上、攻坚克难、实现“大我”发展

“大我”的实现，不仅在于个人理想的树立，还在于最终个人能够实现进步、国家能够实现发展的结果。这需要开拓创新的精神激励，培育勇于创新和攻坚克难的精神，为个人和国家的发展提供精神动力。

开拓创新，引领发展。“大我”的实现，需要“小我”的进步和发展。创新是引领发展的第一动力，是一个民族、国家进步的不竭动力，个人的发展和国家的发展都需要创新引领，大力发扬开拓创新精神，是“大我”实现的精神支撑。广大科技工作者坚持勇攀高峰、敢为人先的创新精神，最终提出新理论、开辟新领域、探索新路径，创造出一批国家需要的原创成果；在不畏艰难、奋勇向前的开拓精神激励下，攻坚克难，不断克服创新道路上的重重困难，最终实现自我目标，推动国家发展。

学习榜样，树立标杆。学习榜样的先进事迹，发

扬榜样的精神品质，培育开拓创新的精神。新中国成立以来，面临艰难的科研环境，一批又一批的科学家们立志报效祖国，在爱国情怀的激励下，在坚强意志的鼓舞下，他们克服环境、条件、思想上的重重困难，努力提升个人修养，坚持在科研道路上不断前行。他们敢于创新，积极进取，敢于面对质疑坚持自己的看法，创造了一批宝贵的科研成果，为我国发展提供了科技动力。

历史在更替，精神在传递，我们需要学习和继承先辈的开拓创新精神，结合时代新的需要，为祖国发展继续努力。

第二节 以“有我”担当追求“无我”境界

“无我”就是把个人的利益分享给党、国家和人民，把自己的利益分享给大多数人。想要达到“无我”境界，奉献精神是关键，但是奉献精神不仅意味着为了集体牺牲一切，更在于能力和担当，加强能力建设，保持自身的先进性和纯洁性，才能为集体发展谋求更多的利益。本节将通过广州市黄埔区出台“先锋八条”、培育党员奉献精神和河南警察学院加强能力建设两个案例，阐释如何以“有我”的担当去追求“无我”的境界，把集体的利益作为自己的利益，实现更有价值的人生。

案例一 广州市黄埔区：出台“先锋八条”，推动居住地党员当先锋

（来源：中国小康网2021年9月29日）

为了培育党员奉献精神，发挥党员的先锋模范作用，广州市黄埔区率先出台《黄埔区推动居住地党员勇当先锋八条措施》（简称“先锋八条”）。“先锋八条”是指组织居住地党员“入格、入组、入队、入群”，在“家门口”构建起完善的组织体系，用制度和标准指引当地党员发挥先锋模范作用，培育党员奉献精神，推动基层治理能力不断提升。“先锋八条”包含8个方面27项要求，从“四硬”“四融”8个方面对党员进行规范，运用“四硬”强化党员战斗力，运用“四融”提升党员服务力，提升党员的奉献精神和

战斗水平。

硬队伍强战力。广州市黄埔区指导各个基层组织建立“双好双强头雁队”“善抓善管指战队”“黄埔先锋服务队”三支队伍，每月开展应急培训、服务评价、走访指导、履职分析等锻炼，多举措发挥三支队伍的组织力、领导力。在队伍建设中，带领当地党员发挥先锋模范作用，服务基层、服务人民。

硬标识强服务。镇（街）、村（社区）各个基层党支部组织党员门前全部统一挂牌，提醒党员参加活动主动佩戴党徽，穿好红马甲。党徽是党的象征，是党员身份的标识，用党徽、门牌、红马甲等方式亮明党员身份，强化党员身份认同，以党员的身份严格约束自身的行为，自觉接受群众监督，奋力提升服务质量，做到“平常时候看得出来、关键时刻站得出来、危急关头豁得出来”，彰显共产党员的担当，不负共产党员的称号。

硬保障强信心。党的基层治理需要资金支持，黄埔区统筹用好数百万元基层管理经费，对符合规定事项，划拨党费予以保障，让党员在“前方”用心服务，“后方”提供强力保障。鼓励辖区社区积极引进社会组织“链接”社会资源参与社区基层治理，提升广大基层群众的幸福感和获得感。

硬机制强运转。黄埔区积极探索建立“1+N”网格党组织运转制度体系，制订一套总体方案和多种应急预案，总体方案明确整体方向，针对具体情况出台具体方案，为党员参与基层治理提供方法指导，在日常开展常态化服务，发挥党员模范作用；面对突发情况执行有力，发挥党员先锋作用。

融合“15分钟党群服务圈”，创新配备党建阵地。黄埔区开展“15分钟党群服务圈”建设，整合328个党群服务阵地资源，利用717个社址祠堂、10大区属国企物业等空间载体，挖掘相应小区公建配套等空间，保证每个网格党组织都有1处面积不少于30平方米的阵地，为党员开展实践活动提供空间支持。

融合“四呼四应”，创新开展先锋活动。黄埔区构建起“四呼四应”智慧呼应机制，把人民的需要作为努力的方向，高效满足人民所需。将党员报到服务、开展先锋活动与“四呼四应”有机结合，建立居民需求清单、党员专业特长资源清单“两张清单”，量化服务要求，特别是在“企业有呼、服务必应”方面，注重发挥居住地党员和企业网格党组织的政企桥梁作用，助力中小企业办成大事。

融合“令行禁止、有呼必应”，创新打造调度平台。融合黄埔区“令行禁止、有呼必应”系统，探索创新“六级一键”智慧平台，着力推动实现指挥中心与一线人员“面对面”连线，有效提升调度效能，提升为民服务水平。

融合“铁军答卷人”“铁军先锋榜”，创新激励措施。奖罚分明，针对表现情况良好的党员实施“积分兑换”“以奖代补”，推荐其参加“铁军答卷人”“铁军先锋榜”，走访慰问先进代表；针对没有履行党员义务、综合表现情况较差的党员，落实好“双签字”等制度，用好综合评价“指挥棒”。

案例二 河南警察学院开展“能力作风建设年”活动，突出“五个强化”，答好“五张卷”

（来源：《河南日报》2021年12月21日；河南警察学院学习强国号2022年2月23日）

根据河南省委和河南省公安厅党委关于开展“能力作风建设年”活动的部署安排，河南警察学院从组织、思想、能力、廉洁、责任五个方面出发，答好责任、忠诚、实干、廉洁、民生五张卷，扎实开展“能力作风建设年”活动，发挥好学院教学功能，加强公安队伍正规化、专业化、职业化建设，着力锻造一支公安铁军，为河南发展提供人才支持。

一是强化组织领导，答好“责任卷”。开展能力作风建设年活动，是河南省委为建设现代化河南提供人才支持的一项重大决策。河南警察学院党委贯彻省委指示，扎实开展“能力作风建设年”活动，强化组织领导，落实具体活动，切实承担起提升党员干部能力的责任。院党委书记牵头部署制订《河南警察学院关于“开展能力作风建设年”活动实施方案》，为活动开展提供了总体方向指引。学院设立“能力作风建设年”活动领导小组，院党委书记担任小组组长，院长担任常务副组长，并在办公室下设综合协调和专业培训、改革创新、督导检查、宣传引导4个工作组，各党组织书记担任部门第一责任人，各司其职、协同发力，为能力建设开展提供了坚实组织保障。

二是强化思想淬炼，答好“忠诚卷”。学院各级基层党组织，通过“三会一课”制度，运用“五种学习方式”，发挥“学习强国”“河南网络干部学院”两个学习平台的作用，组织师生及时跟进习近平总书记重要精神，在学习中增强“四个意识”、坚定“四个自信”、做到“两个维护”，培育党员干部对党忠诚的信念。举办“能力作风建设年”活动主题征文活动，在写作中深化师生对忠诚品质的思考，提升师生的先进性和纯洁性。在党史学习中开展忠诚教育，学习先辈精神，传承红色基因，筑牢忠诚警魂。

三是强化能力提升，答好“实干卷”。提升自我能力，落实实干精神。学院老师提升师德标准，强化身份认同，提升自我能力，争做“公安教育大先生”。学生积极参与全省公安机关“喜迎二十大、忠诚保平安”主题实践活动，参与返乡“社会实践活动”和“豫见新一代主题活动”，积极参与家乡疫情防控，彰显警院学子的青年担当，在实践活动中提升个人能力。各级基层党组织按照“五对照五查找”要求，深入查摆问题，针对问题做好整改，推进各项工作有序进行。

四是强化廉政教育，答好“廉洁卷”。加强理论学习，牢固树立党章党纪意识，远离违纪红线，严守政治纪律、政治规矩，严明“六项纪律”，始终树立廉洁意识。抓住关键少数，组织副处级以上领导干部参加“全国、全省公安机关党风廉政建设电话会”，严防关键少数腐败，发挥关键少数的模范带头作用。严抓特殊时期，学院纪委在节日期间向全院发送“春节廉政过节提醒”，“线上线下”开展学习《2022年廉洁过节提醒》《河南省纪委监委关于五起省管企业违反中央八项规定精神典型案例通报》，组织全院教职工签订《严禁违规宴请饮酒规定承诺书》，推动学院党风廉政建设，营造学院廉洁氛围。

五是强化责任担当，答好“民生卷”。坚持以人民为中心，提升为民服务能力。河南警察学院党委聚焦营造安全稳定的社会环境这一工作主线，着力解决师生“急难愁盼”的问题。新冠肺炎疫情期间，学院发挥党员的先锋模范作用，动员党员积极参与志愿活动，让党旗在抗疫一线飘扬。建立疫情防控网，运用钉钉平台，组织师生参与“钉钉打卡”，及时关注师生健康状况，严格防控疫情，保障全院师生健康。针对疫情滞留学院的教职工，提供免费住宿，全力以赴解决滞留人员的生活难题。春节期间慰问学院困难师生，为学院身患重病的教师发起爱心捐款。

案例启示

1. 培育奉献精神，发挥党员先锋模范作用，追求“无我”境界

简单而言，“无我”境界是指把自己拥有的和自己的一生奉献给国家和人民，必要时可以牺牲自己的利益，为国家和人民谋求更多的利益。培育“无我”境界，需要发挥甘于奉献、克己奉公、不言私利的精神，超越个人利益，实现集体利益发展。

强战力，守初心，为培育奉献精神提供保障。培育奉献精神，首先要处理好自我和集体的关系，党员干部要牢记手中的权力是人民赋予的，坚持权为民所用，不忘为民族谋复兴、为人民谋幸福的初心，将党和人民的利益放在首位，一心为公、立足本职、甘于奉献，以实际行动践行对党忠诚的政治品格。广州市黄埔区通过队伍建设、资金保障、制度保障等方式激励党员发挥先锋模范作用，为培育党员奉献精神提供组织、制度、资金、场地等保障，多措并举鼓励党员发挥先锋模范作用，为基层治理发挥效能。

亮身份，担使命，增强党员自觉意识。每个党员都在党旗下庄严宣誓，“随时准备为党和人民牺牲一切”，党员要增强自觉意识，将这种奉献精神自觉落实到实践中，达到“无我”境界。广州市黄埔区通过挂门牌、佩戴党徽等方式亮明党员身份，使党员牢记共产党员的称号，增强身份意识，将党员的模范作用发挥到日常生活中，做到日常时候看得出来、关键时刻站得出来、危急关头豁得出来。

2. 加强能力建设，保持自身先进性，发挥“有我”担当

培育“有我”担当，加强能力建设，提升个体为国家和人民谋利的能力，也是追求“无我”境界的重要举措之一。

加强思想建设，培育责任担当。没有坚定的理想信念和责任担当，再大的能力也不能运用到国家建设和为民服务中去。加强能力建设，首先要不断提升思想道德水平，其次要增强责任担当。河南警察学院把答好“责任卷”放在“五卷”之首，发挥主要领导人的先锋作用，设立领导小组，明确相关责任人，带动全院开展能力建设活动，为开展能力建设提供坚实的组织保障。坚持以人民为中心，开展为民服务，帮助群众解决问题，在思想上和行动中主动承担为民服务的责任，提升责任意识，积极答好“民生卷”。

开展廉洁教育，保持先进纯洁。加强廉政建设，是能力建设的重要一环。在廉洁教育中增强党员干部廉洁意识，坚定其对党的忠诚和为民服务的信念，保持党员的先进性和纯洁性。河南警察学院组织师生学习党章党规、党的纪律，明确什么能做、什么不能做，什么该做、什么不该做，让师生自觉遵守党的规矩，牢固树立红线意识，远离违纪行为。抓好关键少数，解决关键问题，严防关键少数腐败，发挥领导干部的先锋模范带头作用。开展丰富全面的教育活动，增强廉洁教育实效，提升自我革命的能力，答好“廉洁卷”。

增强实干精神，扎实为民服务。实践是党员干部提升和检验能力的重要课堂。加强能力建设，要引导党员干部深入一线，服务群众，在实践中积累经验、磨砺意志、增长才干。河南警察学院努力答好“实干卷”“民生卷”两张卷，鼓励师生结合自身岗位职责和专业兴趣参与实践，增强教师的教学能力和学生的专业素质，培育党员干部为民服务的能力，在实践中提升党员的能力和水平。

第三节 为共产主义理想奋斗

信仰共产主义并为实现共产主义奋斗终生，是做一名合格的共产党员的首要条件。习近平总书记在讲话中指出："中国共产党之所以叫共产党，就是因为从成立之日起我们党就把共产主义确立为远大理想。"百年来，革命先辈们不懈斗争、克服困难，就是为了把共产主义理想变为现实。新时代我们仍要赓续先辈意志，坚守共产党人的初衷，为了实现共产主义事业最终的目标努力前进。为共产主义远大理想不断奋斗，既需要有坚定共产主义理想信念的精神动力，也需要增强斗争本领，增强个人能力。本节将通过国家能源局坚定党员共产主义理想和四川省广元市在扫黑除恶专项中增强斗争本领的两个案例，阐释如何为共产主义理想奋斗。

案例一 国家能源局：坚定共产主义理想，汲取奋斗力量，开启建设能源强国新征程

（来源：国家能源局官网2022年2月7日）

国家能源局作为国家的重要职能部门，始终坚持

以习近平新时代中国特色社会主义思想为指导，积极开展党员干部培训，守正创新，突出能源特色，用共产主义理想引导全局广大党员干部增强能力、服务人民、为共产主义事业不懈奋斗。

1. 在党史学习中感悟共产主义信念

党员的共产主义信念不是生来就有的，而是要在不断的学习和教育中逐渐培养起来。党史学习教育就是其中的重要一步。开展党史教育，了解党的光辉历程，学习先辈们为了共产主义理想抛头颅、洒热血的英雄事迹，自觉肩负起为共产主义奋斗的信心和信念。

全党开展党史学习教育，是党中央立足党的百年历史新起点、统筹中华民族伟大复兴全局和世界百年未有之大变局、为动员全党全国满怀信心投身社会主义现代化国家建设而做出的重大决策。国家能源局认真贯彻中央要求，把党史学习教育作为一项重要政治任务，传达学习精神，制订学习方案，动员全局各级党组织和广大党员干部参与党史学习教育，确保规定动作不走样、自选动作有特色、学习教育见实效。

标准严，氛围浓。局党组始终坚持党对能源工作的全面领导，统筹布局，严格要求，在全局上下营造良好的学习氛围。党组干部以身作则，深入所在党支部，审方案、搞调研、抓落实、强指导，带领支部有效开展党史教育，以点带面推动全局党史学习教育走实走深。成立10个巡回指导组，加强对各部门（单位）党史学习的监督指导，强标准、严要求，防止官僚主义和形式主义，认真在全局开展党史教育，从党史学习中增强党员干部理想信念，汲取奋斗动力。统筹用好“报、网、端、微、屏”等平台载体，拓宽宣传渠道，中央媒体、行业媒体、局属媒体多方合力、全面报道，在行业内塑造良好的学习氛围，增进学习效果。

形式新，敢担当。局党组调动党员干部积极性和自觉性，创新学习形式，增进学习兴趣；提升思想自觉，将党史学习学在日常，学在经常。坚持自觉主动学与集体研讨学，增进学习效率。创新党史教育方式，举办“百年能源”主题展，将专业历史同党史相结合，展示能源发展的巨大成就；开设“奋斗百年路 启航新征程”主题专栏、策划相关系列主题报道、组织大型纪念活动，营造良好的党史学习氛围；组织党员干部收看党史学习教育宣讲报告会；举办党史专题学习班暨党务干部培训班；参加中宣部组织的中外记者见面会；创办“能源大讲坛”等特色鲜明、形式多样的学习教育活动。

瞄重点，覆全面。瞄准能源改革这个重点，将党史教育覆盖每位成员。坚持在党史学习中对照现实、总结经验，遵循历史发展规律，着力聚焦能源发展改革这个重点问题，持续提升能源生产供应能力，为经济发展提供能源支持。针对能源局内成员年龄分布不均的特点，提出了分类施策、全面覆盖的思路，在争取党史学习全面覆盖的基础上，着力加强青年党员干部的学习教育。

2. 团结带领广大人民群众为实现共产主义伟大理想而奋斗

为了共产主义理想奋斗，必须团结广大人民。通过对百年党史的学习回顾，党员干部深刻体会到人民在历史发展中的重要作用，认识到党的性质宗旨的合理性和必要性，坚持把人民放在最高位置，立足行业实际和主责主业，切实为群众办实事解难题，扎实开展“我为群众办实事”实践活动。

列清单，重落实。国家能源局坚持突出职能特色，从局党组、党组成员、部门（单位）三个层面依据能源特色建立责任清单。响应国家脱贫攻坚要求，从能源方面巩固我国脱贫攻坚成果，实施农网巩固提升工程，保障重要区域和基本民生用能需求，重点对北京、河北等地开展保电督查。深化服务便民，实现资质许可和信用业务全国“一网通办”，便捷居民办理业务；开通运行12398能源监管热线、微信公众号平台、App等多种监管渠道，强化监管，保障民生。

多措施，保供应。为保障能源供应，便捷人民生活，国家能源局各个部门各司其职，共同发力。电力司推动煤电机组应投尽投、应发尽发，多措并举保障清洁取暖用能。油气司开展24项互联互通重大工程按期投产，满足人民群众用油用气需求。煤炭司做好煤炭增产增供，保障人民群众温暖过冬。面对河南洪灾，河南办及时做好郑州等地极端强降雨灾害应急响应，协调能源企业迅速抓好停电抢修、能源供应保障等工作，尽快恢复供电。

入基层，解难题。监管司不断提升服务水平，为用户节约用电成本。科技司瞄准技术难题，解决“卡脖子”技术。山东办开展许可开放日活动，提供企业反映问题的机会，针对企业问题，提出解决方案。浙江办组织开展“服务企业大调研、深入基层解难题、联系群众促发展”活动，深入基层开展调研，把握企业难题，帮助企业解决问题。

人民需要解决的问题，是我们不断努力的方向，这是国家能源局办实事的答卷。坚持以人民为中心，结合能源特色，各司其职，各尽其能，以实实在在的成效让群众分享能源高质量发展成果、共享高品质幸福生活。

3. 建设能源强国新征程，朝着共产主义社会不断前行

2022年是党的二十大召开之年，是大力实施“十四五”规划承上启下的重要一年，如何从“国之大者”高度谋划，深入推动能源工作，为社会主义事业发展、向共产主义社会前进提供能源保障。

坚持党对能源工作的全面领导，坚定捍卫“两个确立”，坚决做到“两个维护”。推动党建和业务工作深度融合，建立常态化、长效化学习机制，持续深入学习十九届六中全会精神，学习党的重大方针政策，以科学的理论指导能源革命和建设工作。培养一批政治素养、专业素养、道德素养兼备的优秀人才，为能源事业发展提供坚实的人才基础。

坚持以人民为中心，推动“我为群众办实事”实践活动常态化、规范化、制度化。深入开展理论学习

和办实事活动，培育党员干部始终牢记初心使命，坚持群众路线，把群众的需要作为努力的方向，结合能源特色，增进民生福祉，把为群众办实事融入日常工作中，提升党员干部的服务力。

坚持自我革命，推动全面从严治党，保持党的先进性和纯洁性。深刻认识党风廉政建设和反腐败斗争形势的复杂性、长期性，深刻认识从严治党是保持党的纯洁性的重要方式，坚持自我革命，培育党员干部规矩意识，坚持“严”的主基调，提升能源局的工作水平和服务能力。继续抓好中央巡视整改，开展中央和国家机关工委党的建设专项督查整改，积极协助纪检监察组，开展内部巡视，依据巡视结果及时落实整改措施。

坚持党史学习，把握历史方位，树立历史唯物主义观点。立足工作实际，从百年党史中汲取智慧和力量，洞察时代趋势，把握历史主动，抓好能源建设，保障国家能源安全。国家能源局从历史总结中深刻认识到，发展绿色、清洁能源是未来的前进方向。为此，国家能源局坚持生态文明建设，推动能源绿色低碳转型。坚持全面深化改革，推进能源发展改革，实现高质量发展。坚持新发展理念，加快推动实现高水平能源科技自立自强。坚持对外开放，在更大范围、更宽领域和更高层次参与国际能源合作与竞争，在世界能源舞台唱响中国声音。

站在蓄势待发的新起点，惟不忘初心者进，惟从容自信者胜，惟改革创新者强。当今世界正经历百年未有之大变局，国家能源局将赓续红色血脉，坚定共产主义信念，凝聚人民力量，推动能源事业发展，为共产主义社会实现提供能源保障。

案例二　广元市：以专业精神推进专项斗争

（来源：《广元日报》2020年9月16日）

2018年至2020年三年来，以广元市委为领导中心，全市纪检监察机关、政法机关和相关行业部门密切配合，合力推进扫黑除恶专项斗争，全市立案侦办黑社会性质组织犯罪案件6件、恶势力犯罪集团和团伙案件16件，查处涉黑涉恶腐败和“保护伞”137件，给予党纪政务处分117人。为营造和谐稳定的城市环境，实现全市清朗清爽的政治生态、社会生态，广元市在扫黑除恶中持续发力，不断同黑恶势力做斗争。

1. 从思想上筑牢斗争意识

增强责任意识，强化责任担当。开展扫黑除恶斗争，责任意识不可或缺。针对一些单位主体责任断档、“一岗双责”脱轨缺位、监督责任虚化等问题，广元市委从严标准、抓责任、强教育三个方面强化党员干部责任担当，为扫黑除恶提供组织保障。严标准，广元市提出履责“三条标准”，率先出台《全面从严治党“三张清单”》，督促党员干部对照标准和清单开展活动。抓责任，建立党委（党组）担起主体责任、书记第一责任人责任、班子成员“一岗双责”、纪委监委（纪检监察组）监督责任“四责协同”机制，明确相关责任人，自觉承担责任。强教育，实行定期开单交任务、专题培训教方法、及时抄告促落实。

增强纪律教育，树牢红线意识。培育斗争意识，规矩意识是保障。广元市开展“正心铸魂”工程，通过党纪法规学习、反面警示教育、廉政文化教育等全方位、多角度坚定党员规矩意识，坚定党员理想信念。召开警示教育大会，组织全市执纪执法单位领导干部参与违纪干部庭审旁听，让法庭变为党纪教育的课堂，达到处分一个、教育一片的效果。

加大监督力度，做好制度保障。坚持立规矩画红线，将权力关进制度的笼子。广元市纪委监委出台《办案人员十条禁令》，公安局出台《全面从严治警二十条铁规》，检察院主动开展自查自纠，协同纪检监察机关进行自我革命，严防“灯下黑”，法院从9个关键环节、3个序列、29个节点全面串联成线，构筑起“内部+外部”“制度+科技”的审判执行权力运行监管体系。全市执法执纪单位通过制度和规定进行自我监督，保障公权力在监督下稳定运行，加强自身建设，提升执法执纪单位在扫黑除恶中的斗争水平。

加强作风建设，营造清朗环境。创新建立乡镇“片区派出组+委室合署”、村（社区）“四职合一”、群众“多元共治”网格化监督模式，全面推行明权清单化、行权程序化、制权透明化，不断健全基层监督体系，全面提升基层监督效能。针对基层矛盾纠纷较为突出的问题，探索推行“说事服务站”“小街问事”“廉情监测点”等有效做法，进一步密切党群、干群、警民关系。针对基层干部作风漂浮、工作不实的问题，持续开展“作风纪律深化年”活动，响亮喊出“有不满、找纪检”，严查基层“微腐败”，提升群众“微幸福”。

2. 在实践中发扬斗争精神

发扬斗争精神，打击黑恶势力。黑恶势力的违法行为严重破坏了社会和谐稳定和经济发展，破坏党的执政根基。想要扫除黑恶势力，必须以专业精神，敢于斗争，步步为营，层层推进，与黑恶势力斗争到底。

发挥人才优势，深挖涉黑问题。涉黑涉恶的案件往往盘根错节、情况复杂、牵涉广泛，仅仅依靠案发地办案力量很难办深办透。广元市注重挖掘人才，发挥人才优势，对科级以上干部实行提级直办、直查直办。例如，在针对刘某案涉案党员干部涉及市本级、苍溪县、昭化区等地的情况，广元市在全市抽调精干力量，成立专案组进行提级直办，循线深挖，串并分析其高利放贷、开设赌场、寻衅滋事、非法拘禁等问题，查获团伙和非团伙成员37人，严查涉黑涉恶腐败问题和保护伞32人，一举打掉了黑恶势力团伙及其背后的保护伞。

加强部门合作，合力打击黑恶势力。以陈某某为首的黑社会团伙利用家族宗族势力、青川县当地河道砂石资源丰富的条件，非法采砂牟利，再以金钱、关系开路，在当地盘踞时间长，牵涉人员多，情况形势复杂，加大了办案难度。广元市采取“异地用警、纪委监委和公安同步上案”方式，破解了人情关系干扰难题，组建“双侦班”全力侦办，一举查获团伙和非团伙成员10人，深挖彻查该案背后腐败问题和保护伞36人。

打好总体战，深挖幕后“保护伞”。“保护伞”往往隐藏很深，单兵作战很难抽丝剥茧、深挖幕后。广元市充分整合各方资源，坚决打好总体战、歼灭战。问题线索上实行纪检监察机关与政法机关、组织部门、行业主管部门、县区“四个双向移送”，案件侦办实行纪检监察机关与公安机关同步甄别、同步建立专案组、同步会商案情、同步核查“四个同步办案”，实现信息共享、线索互移、力量共用、资源共享。办理杨某案时，公安机关收到杨某及其团伙成员涉嫌高利放贷、寻衅滋事、非法拘禁等问题后，及时通报纪委监委，同步上案、协同联动，一举查获团伙和非团伙成员10人，深挖彻查腐败和“保护伞”问题线索10条。

3. 在自我建设中培育斗争品质

坚持刀刃向内，不让徽章蒙尘。党员干部佩戴党徽、政法干警头顶国徽。“保护伞”与黑恶势力沆瀣一气，用公器谋取私利，用“合法”掩盖非法，让党徽失色、国徽蒙尘、人民遭殃。全市上下以坚定的决心清除害群之马，以刀刃向内的勇气整治“灯下黑”。青川县原水务局党组书记、局长赵某某对陈某某黑社会集团违法开采砂石行为不仅视而不见、充耳不闻，反而为其打招呼、拉关系争取项目，先后收受陈某某送与现金93.5万元。2019年，广元市纪委监委一查到底，给予其开除党籍、开除公职处分。

抓好关键少数，扫除黑恶势力背后大树。回顾以往涉黑涉恶案件，黑恶势力能够坐大成势，必有“大树”撑腰。为砍断黑恶势力背后的“大树”，广元市始终紧盯“关键少数”，先后出台加强党政“一把手”监督的9条措施、重点岗位负责人监督管理办法，坚决严查乱权滥权行为。截至目前，全市已打掉“官伞”110人，给予党纪政务处分40人，组织处理70人，移送司法10人。

以“零容忍”态度，铲除黑恶“内鬼”。黑恶势力能长期逍遥法外，无一不是“内鬼”勾结所致。“内鬼”不除，黑恶难息。广元市结合全国政法队伍教育整顿试点工作部署，深入开展“以案促改”工作，深查腐败现象，以“零容忍”态度坚决清除害群之马。苍溪县公安局东城派出所原所长寇某、原教导员王某某，二人多次收受黑社会头目刘某送与的礼金，为其逃避处罚通风报信，多次对其团伙成员违法问题降格处理，造成恶劣社会影响。广元市纪委监委坚决严查重处，给予开除党籍、开除公职处分，并移送司法机关处理。截至目前，全市共查处“警伞”102人，给予党纪政务处分50人，组织处理52人，移送司法8人。

建立问责机制，杜绝“不敢打”。黑恶势力能够长期存在，与一些行业主管部门和领导干部不担当不作为不无关系。有的慑于其威胁“不敢打”，有的怕引火烧身“不愿打”，有的缺乏斗争本领“不善打”，客观上纵容了黑恶势力。为此，广元市严格落实“一案三查”要求，在查处黑恶势力后，不仅追查背后腐败和“保护伞”问题，还倒查党委、政府的主体责任和有关部门的监管责任，以严厉问责的方式倒逼各部门履职尽责。截至目前，全市开展问责“庸伞”102人，党纪政务处分34人，组织处理68人，移送司法2人。

广元市以专业精神推进扫黑除恶斗争，在思想建设中培育斗争意识，在实践中增强斗争本领，在自我革命中加强斗争品质，激励党员敢于斗争、善于斗争，为夺取扫黑除恶斗争胜利提供力量，为广元市人民提供和谐稳定的社会环境。

案例启示

1. 坚定共产主义信念，追求共产主义远大理想

严标准，加强思想道德建设，塑造正确政治信念。如果理想信念是人的“主心骨”，纪律规矩就是人的“顶梁柱”，二者缺其一，身子就正不了，方向就会歪，思想就会生病。严格的标准和纪律是坚定共产主义理想的重要保障。坚持从严治党，健全制度建设，提升监督水平，树立规矩意识和红线意识，在思想上树牢“严”的观念，引导党员干部树立正确的政治信念。国家能源局始终坚持党对能源工作的全面领导，发挥领导干部监督、指导作用，成立巡回指导组，加强监督指导，减少官僚主义与形式主义。广元市出台《全面从严治党“三张清单”》，建立“四责协同”机制，开展“正心铸魂”工程，加强纪律教育。两个单位坚持从思想上严格要求，从制度上提供

保障，多种方式加强监督，引导党员严于律己，坚定理想信念，激励党员为共产主义建设添砖加瓦，贡献自己的力量。

学历史，坚持历史唯物主义，坚定共产主义信念。共产主义虽然深邃高远，但并不是虚无缥缈、不可实现的，而是马克思、恩格斯等人深入开展历史研究，把握历史发展规律，在唯物史观和剩余价值学说基础上提出的科学预见。要反对历史虚无主义，树立唯物史观，在历史学习中总结科学规律，坚定共产主义理想，并为之不断奋斗。国家能源局深入贯彻党中央的决定，积极开展党史教育，创新党史教育形式，开展党史学习专题研讨会、举办党史专题学习班暨党务干部培训班、举办“百年能源”主题展、开设“奋斗百年路　启航新征程”主题专栏等活动，在党史学习中培育成员坚持历史唯物主义，把握历史发展规律，认识到共产主义理想实现的历史必然性，激励党员们从岗位职责出发，为共产主义事业不懈奋斗。

抓实践，坚守以人民为中心，推进共产主义实现。共产主义理想最终要落实行动，共产主义的实现需要我们去实践、去斗争，用实际行动推进历史进程。国家能源局扎实开展办实事活动，在为民服务中凝聚人民力量，列清单，重落实；多措施，保供应；入基层，解难题，将人民的需要作为前进的方向，把存在的问题作为变革的动力，推动能源改革和能源发展，为我国建设提供能源保障。为共产主义理想奋斗不是虚无缥缈的，立足岗位职责，做好个人工作，本身就是为共产主义理想奋斗的实践活动，国家能源局激发员工担当，朝着建设能源强国新征程不懈奋斗。广元市也立足实践，发扬斗争精神，严厉打击黑恶势力，保障人民安全，促进社会和谐公平，推进社会主义和谐社会建立。

2. 发扬斗争精神，为共产主义不懈奋斗

2018年，全国开展扫黑除恶专项斗争，扫黑除恶是保障人民安全感，促进社会公平和谐的重要举措。在扫黑除恶专项斗争中，国家坚持以雷霆手段打击黑恶势力，党员干部发挥斗争精神，坚持同黑恶势力做斗争，在斗争精神的激励下，我国扫黑除恶专项斗争取得巨大成果，巩固了党的执政基础，为共产主义事业实现提供了稳定的社会环境。

引领使命教育，加强思想淬炼，增强斗争意志。思想准备是开展各项工作的基础，唤醒斗争意识是培养斗争精神的前提。加强思想教育，强化思想斗争，要培养面对矛盾敢于斗争、面对挑战勇于担当的思想自觉。广元市从责任、规矩、制度、作风四个方面对党员干部进行了一场思想淬炼，增强党员责任担当，强化党员规矩意识，淬炼良好斗争作风，为开展扫黑除恶、培养斗争意识提供了思想准备。

立足岗位职责，开展实践磨砺，增强斗争本领。斗争不是口号，要在实践中增强斗争本领，积累斗争经验，学会讲究方法、策略，增强斗争效果。面对复杂的扫黑除恶形势，广元市用联系、发展的眼光，针对具体情况，提出解决方式，讲究斗争的时、度、效，提升扫黑除恶斗争效果；把握主要矛盾，抽调全市精英力量，集中力量攻克复杂难题，打好扫黑除恶战役；打好总体战，整合各方资源，信息共享、线索互移、力量共用、资源共享，协同发力打击黑恶势力“保护伞”，在实践中磨砺党员斗争本领，提升斗争经验，总结斗争策略，提升斗争能力。

敢于刀刃向内，坚持自我革命，培育斗争品质。只有不断培育斗争品质，才能保持自身的先进性和纯洁性。广元市紧抓“关键少数”，打击“保护伞”和“大树”；建立问责机制，惩治形式主义、官僚主义、软弱作风等不正之风，杜绝“不敢打”现象；做好自身建设，深挖黑恶根本，以一往无前的精神坚决同黑恶势力斗争到底，夺取斗争胜利。

小　结

本章从“大我”“无我”“为共产主义理想奋斗”三方面讲述了如何从学习马列原理中追求更高的精神境界。一个人的境界影响着个人的价值追求和社会的发展，从学习马列原理中追求更高的人生理想和境界，既能引导个人实现人生价值、提升人生获得感，又能推动人类解放、社会进步、国家发展。

本章第一节选择福建工程学院组织社会实践活动引领师生将“小我”融入“大我”、科学家们在爱国情怀和开拓创新精神激励下推动我国科技不断发展的两个案例，阐释如何从培育爱国情怀和开拓创新精神两个方面追求“大我”境界。第二节选择广州市黄埔区出台“先锋八条”、培育党员先锋奉献精神和河南警察学院从五个方面加强能力建设的两个案例，阐释了如何从培育奉献精神和加强能力建设两个方面追求“无我”境界。第三节通过国家能源局坚定共产主义信念和广元市开展扫黑除恶专项斗争两个案例，阐释了如何从坚定共产主义信念和培育斗争精神两个方面阐释追求“为共产主义理想奋斗”的境界。

追求“大我”境界，需要以爱国情怀为引领，以开拓创新精神为动力，将个人“小我”融入祖国“大我”，在实现个人发展的同时，为祖国的繁荣昌盛添砖加瓦。福建工程学院组织实践团队通过追寻红色印记，学习党的历史，落实服务实践，从党史中汲取爱国的力量，增强报效祖国的决心，在爱国精神的激励下追求“大我”的人生境界。广大科技工作者坚持勇攀高峰、敢为人先的开拓创新精神，开拓进取、攻坚克难，创造出一批国家需要的原创成果，通过学习科研工作者的先进事迹，传承先辈的开拓创新精神，结合时代新的需要，为祖国发展贡献个人力量。

追求“无我”境界，需要培育奉献精神，加强能力建设，为了集体和国家的利益奉献自己，以“有我”担当追求“无我”境界，在社会和人类整体进程发展中提升个人获得感。广州市黄埔区制定“先锋八条”，采取队伍建设、资金保障、制度保障等方式强化对党员的规范，为培育党员的奉献精神提供保障；通过挂门牌、佩戴党徽等方式亮明党员身份，增强党员自觉奉献人民的意识。河南警察学院从思想建设、廉洁教育、为民服务等方面开展能力作风建设，以优良作风提升师生能力水平，增强“有我”担当。

追求共产主义境界，需要树立共产主义理想，培育斗争精神。国家能源局通过制定严格的标准和纪律，为坚定共产主义理想提供思想保障；开展党史教育，培育党员历史唯物主义的眼光；立足岗位职责，开展为民服务活动，在实践中增强为共产主义理想奋斗的决心。为共产主义奋斗，需要培育斗争精神，广元市在思想上增强斗争意志，在实践中磨砺斗争本领，在自我革命中培育斗争品质，鼓励个体为共产主义理想的实现不懈斗争。

后 记

自《共产党宣言》发表以来，马克思主义在世界上得到广泛传播，对人类发展产生了深远影响。170多年来，马列原理始终站在时代前沿，在实践检验中进一步展现出其科学性，为我们探寻世界提供了指南。在党的百年历程中，阅读马列原著、领悟马列原理始终是每位党员的“必修课”。

本书围绕信仰、规律、情怀、方法、道德、规矩、境界七个专题，通过理论阐释和案例分析，从多种视角对马列原理的相关内容和学习方法进行整理，希望能够为广大基层组织和个人学习马列原理提供多样的理解角度、丰富的学习主题和具体的方法路径，进一步促进马列原理在基层组织的传播和普及。

在本书的编写过程中，上海交通大学马克思主义学院邢云文教授设计了全书框架；山西大学新闻学院庞慧敏教授指导了本书总体编写工作，多次组织会议对本书的框架建构、案例选择进行论证；山西大学新闻学院梁红艳副教授组织了全书的案例收集、初稿创作以及修改定稿工作；研究生杨甜负责查阅经典文献和相关主题的公开报道材料。由于水平有限，疏漏之处也请各位专家、读者批评指正。

我们期望本书的出版，可以为基层组织筹办相关学习活动提供具体的操作指南，为个人领悟马列原理提供可行的方法指导，多措并举、综合施策，提升党员学习兴趣，促进形成良好的学习风气，让学习、领悟马列原理成为党员的生活习惯和精神追求。